주일
거룩한 안식일

THE HOLY SABBATH with THE SABBATH
by A. W. Pink & J. C. Ryle
Compiled by Word of Life Press

"The Holy Sabbath"
from *Studies in the Scripture*
by A. W. Pink

"The Sabbath"
from *Knots United*
by J. C. Ryle

Korean Edition published by Word of Life Press,
Seoul ⓒ 2020
All rights reserved.
Printed in Korea.

주일, 거룩한 안식일

ⓒ 생명의말씀사 2020

2020년 5월 28일 1판 1쇄 발행

펴낸이 | 김재권
펴낸곳 | 생명의말씀사

등록 | 1962. 1. 10. No.300-1962-1
주소 | 서울시 종로구 경희궁1길 5-9(03176)
전화 | 02)738-6555(본사) · 02)3159-7979(영업)
팩스 | 02)739-3824(본사) · 080-022-8585(영업)

기획편집 | 구자섭, 임선희
디자인 | 박소정, 조현진
인쇄 | 영진문원
제본 | 정문바인텍

ISBN 978-89-04-16714-2 (03230)

저작권자의 허락없이 이 책의 일부 또는 전체를
무단 복제, 전재, 발췌하면 저작권법에 의해 처벌을 받습니다.

주일
거룩한 안식일

아더 핑크
조계광 옮김

그리스도인은
주일을
어떻게
지켜야 하는가?

생명의말씀사

목차

서론   6

1장 안식일 규례의 제정   20
안식의 날 | 하나님이 축복하신 날 | 거룩한 용도로 사용하기 위해 특별히 구별된 날 | 한 가지 확연한 차이

2장 십계명 이전의 안식일 규례   38

3장 십계명을 통해 안식일 규례가 새롭게 갱신되다   54

4장 안식일 규례의 오염과 하나님의 심판   70

5장 안식일 규례는 오늘날에도 지속되는가?   88
예수 그리스도와 안식일

6장 　안식일과 주일은 어떤 관계인가? 　　118

유대교의 안식일과 기독교의 안식일의 차이 | 한 주간의 첫째 날(주일)에 예배를 드리는 것이 안식일을 지키라는 명령을 폐지하는 것일까? | 새 언약이 요일의 변화를 요구했다 | 한 주간의 첫째 날(주일) 1) 구약성경에 이런 변화가 이미 내포되어 있었다 2) 부활하신 그리스도께서 안식 후 첫째 날에 나타나셨다 3) 초대 교회가 한 주간의 첫째 날을 기념했다. 4) 히브리서 4장이 그런 변화를 증언한다

7장 　안식일(주일)을 어떻게 지킬 것인가? 　　178

균형 있게 적용해야 한다 1) 안식일(주일)은 구별되어야 할 날이다 2) 안식일(주일)은 안식의 날이기 때문에 일해서는 안 된다 3) 안식일(주일)은 즐거워해야 할 날이다 | 두려움과 방종 사이의 균형을 이루라 1) 두려움으로 지키지 말라 2) 그리스도 안에서 누리는 평화와 기쁨으로 지키라 | 영적 자유와 육신적인 방종을 구별하라 | 실제적인 적용 1) 안식일(주일)을 위한 준비 2) 안식일(주일)에 해야 할 일

8장 　교회사 속에서의 안식일(주일) 　　220

초기 기독교의 역사에서 발견되는 안식일(주일) | 종교개혁 시대의 안식일(주일) | 17, 18, 19세기의 안식일(주일) | 안식일은 신약 시대에도 적용되는가? | 다른 반론들

부록 　안식일(주일), 거룩하게 지켜야 할 날 _ J. C. 라일 　248

안식일(주일)의 권위 | 안식일(주일)의 목적 | 안식일(주일)을 지키는 방법 | 안식일(주일)을 더럽히는 행위들 | 마지막 당부

서론

경건한 삶을 유지해 나가려면 두 가지가 절대적으로 필요하다. 그것은 진리에 대한 고백과 실천(그 능력의 발현)이다. 이 둘은 서로를 돕는다. 진리로 믿음을 고백하지 않으면 복종으로 그 능력을 나타낼 수 없고, 복종이 없으면 고백은 무가치하다.

거룩한 안식일은 이 사실을 분명하게 예시한다. 그동안 거룩한 안식일의 의무를 강단에서 힘써 강조하고 역설하지 않았기 때문에 경건한 삶도 약해져 거의 다 무너졌다. 공허한 고백이 늘어나면서 경건도 그에 비례해 쇠퇴했다. 지금은 "성실이 거리에 엎드러지고"(사 59:14)라고 개탄할 만한 상황이 되고 말았다. 일반 대중은 물론, 사회적 영향력이 큰 사람들도 대부분 안식일을 무시하고 있다. 따라서 안식일을 현재의 부패한 상태에서 새롭게 하기 위해 하나님을 두려워하고, 사랑하는 마음으로 할 수 있는 일은 무엇이든 해야 할 책임이 우리 모두에게 있다.

하나님의 계시된 뜻에 따른 바른 가르침은 진리의 고백이 이처럼 널리 무시되고, 그 실천이 멸시를 당하는 때에는 특히 더 귀한 가치를 지닌다. 그런 목적을 이루는 데에는 하나님을 위해 거룩하게 구별된 안식의 날을 엄숙하게 지키는 것보다 더 좋은 것이 없다. 그 이유는 그것이 모든 경건의 근간이기 때문이다.

존 오웬(1616-1683)은 안식일의 준수에 대해 이렇게 말했다.

"오늘날의 세대에 예수 그리스도와 사도들이 가르치고 전한 규칙을 일깨울 수 있는 외적 수단 가운데 복음에 명시된 경건한 예배의 날을 보편적으로, 중단 없이 준수하는 것보다 더 효과적인 수단은 없다. 오늘날 세상에서 우리의 기독교 신앙을 옳게 고백할 수 있느냐 없느냐가 여기에 달려 있다. 사람들이 안식일의 준수를 애써 증오하지 않는다면, 안식일의 준수가 믿음의 능력을 나타내고 발휘하는 데 크게 유익하다는 사실을 모두에게 명백하게 드러낼 것이다."

'주님의 날'은 모든 그리스도인들에게 귀한 은혜가 되어왔다. 사람들은 대부분 한 주간을 지나는 동안 세상일에 바쁘게 얽매여 살기 때문에, 일주일에 하루를 특별히 구별하여 하나님을 섬기고 예배하는 은혜로운 억제 장치를 마련하지 않는다면, 현세적이고 세상적인 일에 완전히 잠식되고 말 것이 틀림없다. 안식일의 거룩한 준수는 우리의 마음이 하나님의 지배를 받게끔 도와준다. 그날에 우리는 우리의 영적 상태를 점검하고, 우리가 행한 의무를 돌이켜보고, 거룩한 계시의 위대한 진리를 묵상하고, 영원한 삶을 준비할 수 있다. 안식일의 의무를 충실하게 지키면, 한 주간 동안 더럽혀진 우리의 영혼이 깨끗하게 되고, 우리의 마음이 위의 것을 찾게 되며, 우리 앞에 놓인 수많은 일들을 감당할 새로운 힘을 얻을 수 있다. 그리스도인들은 대부분 이미 은혜 안에서의 성장이 안식일의 축복에 달려 있다는 사실을 잘 알고 있다.

안식일의 준수를 통해 이루어지는 선의의 기독교적인 노력이 얼마나 많은지 모른다.

"생계를 위해 육체노동이나 정신노동에 종사하는 사람들이 일을 엿새만 하지 않고, 일주일 내내 계속한다면 가난한 자들을 찾아보고, 어린아이들을 가르치고, 경건하지 않은 사람들에게 그리스도를 전하는 데 바칠 수 있는 시간이나 힘이 거의 남아 있지 않을 것이다. 그러나 엿새를 육체노동이나 정신노동에 종사하는 사람들 중 많은 사람들이 안식일의 준수를 통해, 그 날의 일부를 어린아이들과 연약한 자들에게 믿음을 나누는 일에 바치고 있다. 안식일이 없다면, 지금 주일 학교를 통해 이루어지고 있는 수많은 선한 사역과 도시에서 병들어 고통받는 자들을 돌보는 사역 대부분이 이 땅에서 사라지고 말 것이다."라는 W. B. 노엘의 말은 참으로 지당하다.

"안식일이 사람을 위하여 있는 것이요"(막 2:27). 하나님은 은혜로우시게도 온 세상의 유익을 위해 안식일을 거룩하게 하셨다. 엿새를 모두 합친 것보다 안식일 하루 동안에 회심하고 주님께로 돌아오는 사람들이 더 많을 것이 틀림없다. 누구든 자기 영혼에 진심으로 관심을 기울인다면, 영적인 선을 가장 성공적으로 추구할 수 있는 날이 어서 돌아오기를 고대할 것이다. 하나님을 진지하게 추구하지 않더라도 공중 예배에 참석해서 성경을 배우고, 그 권위를 존중하는 법을 배우는 사람들도 많이 있다. 만일 그들에게 그런 기회마저 주어지지 않는다면 이방인의 삶을 살아갈 수밖에 없을 것이다.

더욱이 안식일은 많은 신자에게 세상의 일에서 잠시 벗어나 무지한 자들을 가르치는 데 힘의 일부를 쏟아부을 수 있는 기회를 제공한다. 거룩한 안식일 덕분에 이 나라에는 아직도 그 누구도 능히 헤아릴 수 없을 만큼의 많은 종교적인 지식과 도덕적인 원리들이 존재한다.

이 거룩한 제도를 응당히 지키지 않으면, 태초부터 오늘날까지 이 세상에 경건한 믿음이 존재하지 않았을 것이고, 또 앞으로도 존재할 수 없을 것이다. 굳이 깊이 생각하지 않더라도, 안식일을 완전히 무시한다면 무질서와 파멸이 갈수록 증폭되며 발생할 것이라는 사실을 익히 짐작할 수 있을 것이다.

영국이나 미국에서 안식일의 거룩함을 가장 충실하게 가르치고 지켰던 시대에 기독교적 영성이 가장 건강한 형태로 나타났고, 또 생명력 넘치는 경건함이 가장 왕성하게 꽃피었다는 것은 논란의 여지가 없는 사실이다. 하나님의 섭리 아래 우리에게 그런 시대를 안겨준 사람들은 귀중한 보화와 같은 유산을 남겼다. 주님의 날을 올바르게 준수하는 것이 국가적인 행복과 번영의 지름길이다. 이 복된 날은 선한 것이 가득하기 때문에, 이 나라의 행복에 강력한 영향을 미쳐 영적 지성과 사회적 질서를 이끄는 도덕성과 백성들의 자유를 크게 진작시킨다.

안식일의 규례는 하나님이 자신의 피조물에게 부과한 무거운 짐이 아니라 귀한 선물이자 말로 다 할 수 없는 축복이다. 그것은 우리의 자유를 무자비하게 박탈하는 것이 아니다. 안식일의 올바른 준수는 참된 영적 자유로 나아가는 길이다.

"하나님이 그 일곱째 날을 복되게 하셨다"(창 2:3 참조). 안식일은 그것을 지키는 사람들에게 축복의 날이 되도록 하나님이 계획해 제정하셨다. 따라서 하나님은 "안식일을 지켜 더럽히지 아니하는 사람은 복이 있느니라"(사 56:2 참조)라고 선언하셨다. 안식일은 성가신 속박의 날이 아니라 선과 평화의 날이다. 그것은 우리의 고된 삶에 주어진 은혜로운 선물, 곧 "얼굴에 땀을 흘려야 먹을 것을 먹으리니"(창 3:19)라는 말씀대로 우리에게 주어진 노동의 저주로부터 우리를 구원하는 날이다. 하나님께서는 은혜로우시게도 현세의 고단한 삶을 잠시 중단하고, 내세를 생각함으로써 육체의 피로를 풀고, 곤궁한 영혼을 새롭게 할 수 있도록 인간에게 일생의 7분의 1의 시간을 보장해 주셨다.

많은 사람이 생각하는 것과 달리, 이 신적 선물의 위대함과 탁월함은 단순한 육체적 축복, 곧 지친 몸을 회복하는 것에 있지 않다. 그것은 부차적인 목표에 지나지 않는다. 안식일의 일차적인 목적은 정신노동이나 육체노동을 중단하는 것이 아니다. 휴식은 단지 안식일의 크고 주된 목적을 이루기 위한 준비 과정일 뿐이다.

안식일의 가장 중요하고 고귀한 가치는 하나님의 백성을 구원하고 거룩하게 하는 데 있다. 하나님의 백성은 하나님의 율법에 복종하며 안식일을 충실하게 지킴으로써 은혜와 주님을 아는 지식 안에서 자라가야 한다. 하나님의 축복 아래 성화를 이루는 은혜의 수단 가운데 안식일보다 더 효과적인 수단은 없다. 안식일을 올바로 지키면 "나를 존중히 여기는 자를 내가 존중히 여기고"(삼상 2:30)라는 약속이 온전하고 확실하게 이루어질 것이다. 하나님의 은혜를 누리고, 그분을 섬기는 것이 우리의 행복이다. 하나님의 은혜는 '생명'을 주고, 그분을 섬기면 '온전한 자유'를 얻게 된다. 따라서 교훈을 베풀든 본을 보이든 격려의 말을 하든, 힘이 닿는 대로 최선을 다해 '하나님의 날'에 대한 의무를 지키려고 노력하자.

거룩한 안식일을 성경적으로 준수하는 일이 얼마나 큰 가치를 지니고 있고, 또 얼마나 지고한 순간인지를 적절하게 묘사하는 것은 유한한 인간의 한계를 넘어서는 일이다. 따라서 그 몇 가지 특징을 살펴보고, 성령께서 그런 특징들을 통해 이 거룩한 제도의 근본적인 중요성을 어떻게 강조하셨는지를 간단히 살펴보는 것으로 만족해야 할 듯하다.

안식일은 성경 계시의 맨 서두에 등장한다. 창조 기사가 마무리된 직후에, 하나님이 그날에 안식을 취하셨고, 그날을 거룩하게 하셨다는 말씀이 나온다. 이것은 광야 생활을 하던 이스라엘 자손들이 가장 먼저 배워야 할 교훈이었다. 하나님은 안식일에 만나의 공급을 중단하심으로써 그들에게 그 사실을 깊이 각인시키셨다(출 16장). 안식일은 하나님과 그분의 백성 사이에 존재하는 중요한 '표징'이었다(출 31:13). 네 번째 계명을 어기는 자들에게는 두려운 심판이 주어졌다. 예수님께서도 친히 행동으로 안식일의 중요성을 확실하게 인정하셨다(눅 4:16). 성령께서는 안식일에 요한에게 성경의 마지막 책을 계시하심으로써 이 거룩한 제도를 특별히 강조하셨다(계 1:10).

따라서 거룩한 안식일을 더럽히는 것은 결코 가벼운 문제가 아니다. 네 번째 계명을 어기는 것은 가장 중대하고 사악한 죄에 해당한다. 그러나 슬프게도 안식일을 어기는 것이 악한 우리 세대가 저지르는 가장 흔한 죄 가운데 하나가 되고 말았다. 부패함의 정도가 몹시 심해 이 문제에 대해 양심의 가책을 느끼는 사람은 찾아보기 어렵고, 거의 모든 사람이 아무렇지도 않은 듯 당연시한다.

세상은 거룩한 주일을 휴일로 바꾸었고, 심지어 그리스도인들 가운데서도 그 점과 관련해 세상과 동조하는 사람들이 많다. 하나님이 이런 우리를 기뻐하지 않으시는 것은 조금도 놀랍지 않다. 그분이 우리를 기뻐하지 않으신다는 사실이 갈수록 더욱 분명해지고 있다. 영국이 하나님의 안식을 침해했기 때문에, 이제 하나님은 영국의 안식을 뒤흔드신다. 국가적 차원에서 이 죄를 회개하고 버리지 않으면, 우리 자신에게 진노의 날에 임할 진노를 쌓게 될 것이 틀림없다.

하나님의 영광을 밝히 드러내고, 그분의 백성으로서 건강하고 번영된 삶을 누리며, 죄인들이 구원받고, 국가가 행복하려면 안식일을 거룩하게 지켜야 한다. 이 복된 날을 더럽히는 것은 가장 크고 심각한 국가적 범죄다. 이 죄는 주님의 심판을 초래한다. 우리의 행위를 고치지 않으면 심판은 훨씬 더 혹독해질 것이다.

따라서 나는 가만히 입을 다물고 있을 수가 없어서 내게 있는 모든 힘을 다해 이 거룩하고 엄숙한 제도가 요구하는 의무를 힘써 강조하기로 결심했다. 주님을 경외하고, 그분의 분노를 두려워하며, 교회 안에서 생명 넘치는 경건함이 새롭게 회복되기를 바라고, 국가를 사랑하며, 나라가 완전히 세속화되는 것을 막고 싶다면 "나와 내 집을 위해 안식일을 기억하여 거룩하게 지키겠다."라고 굳게 결심하고 다짐해야 한다.

안식일의 가치가 작거나 아예 무가치하다면, 수수방관하며 그것을 멸시하는 자들이 마음대로 하도록 내버려 둔다고 해도 변명의 여지가 충분할 것이다.

그러나 안식일은 하나님이 정하신 제도다. 중하고 덕스러운 안식일의 의무는 오늘날에도 구약 시대와 똑같은 구속력을 지닌다. 주님은 안식일의 신성한 의무를 철저하게 보호하신다(그분은 안식일을 존중하는 국가에는 축복을 베푸시고, 그것을 더럽히는 국가에는 진노를 쏟아부으신다). 안식일을 올바로 지키면 교회에는 풍성한 영적 축복이 임하고, 국가에는 현세적인 도덕적 유익이 주어진다.

따라서 우리는 타협을 불허하는 확고한 마음과 열정으로 위험에 처한 이 보배로운 제도를 보존하기 위해 우리가 할 수 있는 모든 일을 다 하며, 경건한 조상들의 노력과 희생과 기도를 통해 우리에게 주어진 은혜가 미래 세대에까지 전해질 수 있도록 힘써야 한다. 우리의 조상들이 그렇게 했는데 우리가 그런 선천적 권리를 헛되이 낭비한다면 화가 있을 것이다.

지금까지 말한 것을 고려할 때, 그리스도인들 가운데 거룩한 안식일의 의무를 도외시하거나 세상이 그날을 마구 더럽히는 것을 보고도 아무런 관심을 기울이지 않는 사람들이 부지기수고, 소위 정통주의를 표방하는 기독교 내에서 상당한 영향력을 지닌 사람들, 곧 "기독교 사상의 지도자들"로 일컬어지는 사람들이 이 영적 유산을 보존하려고 애쓰는 사람들을 비판하는 오늘날의 현실은 참으로 크나큰 비극이 아니고 무엇이겠는가? 그런 사람들은 안식일이 유대교의 제도이기 때문에 오늘날 우리에게 더 이상 아무런 구속력을 지니지 않는다고 가르침으로써 그 근간을 파괴하고 있다. 우리가 그리스도 안에서 형제로 여겨야 할 사람들, 성경의 신적 영감과 권위를 굳게 지지하는 사람들이 이 중요한 문제와 관련해서는 주님의 원수들과 공통된 입장을 취하는 것을 보면 말로 다 할 수 없는 슬픔이 느껴진다.

존 오웬은 "하나님은 사람을 정직하게 지으셨으나 사람이 많은 꾀들을 낸 것이니라"(전 7:29)라는 말씀을 인용해『거룩한 안식의 날』의 논의를 시작하면서 이렇게 덧붙였다.

"슬프게도 우리는 여러 가지 잡다한 특별한 사례들은 물론, 이 세상에서 이루어지는 사람들의 전반적인 행태와 하나님에 관한 그들의 모든 관심 속에서 이 말씀이 진리라는 것을 발견한다. 만물이 하나님에 의해 창조될 때는 모든 것이 평화롭고 고요한 상태였지만 인간이 많은 꾀를 내 그 모든 것을 교란하고 왜곡시켰다. … 거룩한 안식의 날과 그날에 요구되는 하나님께 대한 예배가 그런 사실을 보여주는 명백한 사례 가운데 하나다."

존 오웬은 자기 시대에 이 거룩한 제도와 관련해 제기된 문제들, 곧 '온갖 종류의 사람들 사이에서 논의되는' 많은 논쟁에 대해 불평을 토로하며, 그들이 여러 가지 꾀를 내어 '우리를 혼란스럽게 만들고, 올바른 하나님의 길을 왜곡하는 것'을 한탄했다. 그런 그가 만일 오늘날과 같은 상황을 목격한다면 어떤 심정을 느낄지 참으로 궁금하다.

오늘날 그리스도인들이 거룩한 안식일을 무시할 요량으로 만들어낸 여러 가지 '꾀', 곧 대중의 생각에 큰 영향을 미쳐 '주님의 날'이 가르치고 고무하는 경건을 실천하지 못하게 힘을 빼앗는 꾀가 얼마나 많은지 모른다. 사탄은 안식일이 우리를 위한 것이 아니라고 주장하도록 '성경 교사들'을 충동하는 전략이 성공을 거둘 때마다 크게 행복해할 것이 틀림없다.

그런 식으로 안식일을 거부하는 것은 그것을 존중하며 소중히 여기는 사람들에게 크나큰 도전이 아닐 수 없다. 원수들이 안식일을 더욱 강하게 반대할수록 안식일을 사랑하는 사람들은 일치단결해 더욱 굳센 결의로 그것을 힘써 옹호해야 한다. 만일 어떤 사람들이 지금은 이전보다 훨씬 더 영적인 시대가 되었기 때문에 예배와 안식의 날인 주일에 특별한 관심을 기울일 필요가 없다고 주장한다면, 우리는 그런 주장이 터무니없는 오류라는 사실을 확실하게 보여주어야 한다.

안식일을 세속화시키는 것이 영적인 시대에 더 알맞은 것이라는 주장이 과연 그것을 경건하게 준수하는 길일까? 안식일에 거룩한 활동을 하며 은혜의 수단에 의지하는 것보다 그런 주장을 따르는 것이 생명 넘치는 경건을 독려하는 방법일까?

대답은 자명하다. 안식일을 경건하고 충실하게 지켜 많은 축복을 경험한 덕분에 안식일을 사랑하게 되었다면, 안식일에 관한 지식을 온 나라에 두루 알리는 것이야말로 우리가 힘써 감당해야 할 의무일 것이다. 우리 모두 그런 목적을 위해 겸손히 노력하고, 하나님이 그런 우리의 노력을 기쁘게 여겨 축복해 주시기를 간절히 기도하자.

"안식일은 타락 이전에 에덴동산에서 제정되어 유래되어 온 두 가지 제도 가운데 하나다. 안식일은 모세는 물론, 아브라함 이전부터 존재했다. 태고의 낙원에 그것과 함께 존재했던 또 하나의 제도는 결혼이었다. 결혼이 안식일의 규례처럼 모세의 율법 가운데 포함된 이유는 그 둘이 에덴동산에서 인간을 위해 제정되어 정해진 것이기 때문이다."

1장

안식일 규례의 제정

"하나님이 그가 하시던 일을 일곱째 날에 마치시니 그가 하시던 모든 일을 그치고 일곱째 날에 안식하시니라 하나님이 그 일곱째 날을 복되게 하사 거룩하게 하셨으니 이는 하나님이 그 창조하시며 만드시던 모든 일을 마치시고 그날에 안식하셨음이니라"(창 2:2, 3).

이 말씀을 본격적으로 설명하기 전에, 먼저 서론격으로 몇 가지를 말해두는 것이 좋을 듯하다. 첫째, 이 말씀은 안식일이 유대인에게만 적용되는 제도였다는 주장을 오류라고 논박한다. 하나님은 시내산에서 유대인들과 언약을 맺기 오래전에 이미

'안식의 날'을 정해 거룩하게 하셨다. 안식일은 돌판에 십계명이 기록되었을 때 처음 제정된 것이 아니다. 안식일의 기원은 태초까지 거슬러 올라간다. 앞으로 출애굽기 20장을 살펴볼 때 알게 되겠지만, 하나님은 안식일이 이 세상만큼이나 오래되었다고 선언하셨다.

안식일이 시내산에서 처음 제정되었다는 생각이나 그것이 유대인에게만 구속력을 지닌다는 주장이나 둘 다 큰 오류이기는 마찬가지다. 하나님은 출애굽기 20장 8-11절에서 그날을 거룩히 지켜야 하는 이유를 알려주셨다. 그 이유는 유대인은 물론, 이방인들에게도 이론의 여지없이 똑같이 적용된다. 안식일을 계획해 제정하신 본래의 목적은 모든 인류에게 똑같이 유효하다. 이것은 우리 마음대로 제기하는 주장이 아니다. 구원자이신 주님은 "안식일이 사람을 위하여 있는 것이요"(막 2:27)라고 분명하게 말씀하셨다.

"안식일은 타락 이전에 에덴동산에서 제정되어 유래되어 온 두 가지 제도 가운데 하나다. 안식일은 모세는 물론, 아브라함 이전부터 존재했다. 태고의 낙원에 그것과 함께 존재했던 또 하나의 제도는 결혼, 즉 이상적인 결혼이었다. 결혼이 안식일의 규례처럼 모세의 율법 가운데 포함된 이유는 그 둘이 에덴

동산에서 인간을 위해 제정되어 정해진 것이기 때문이다."(A. T. 피어선, 1837-1911).[1]

성경을 아무런 편견 없이 단순하게 읽는 사람들에게는 위의 말이 너무나도 분명한 사실이지만, 무턱대고 이의를 제기하는 사람들이 적지 않다. 그들은 안식일이 오늘날 우리에게 구속력을 지닌다는 사실을 인정하지 않으려고 갖은 핑계를 내세워 창세기 2장 2-3절의 명백한 의미를 무시하려고 애쓴다. 예를 들어, 어떤 사람들은 "이 말씀은 안식일이 그 당시에 제정되었다는 의미인 듯하다."라고 인정하면서도, 이 말씀이 "그 특별한 날이 선택된 이유만을 밝힐 뿐, 당시에 안식일을 실제로 따로 구별해 정했다는 의미는 아니다."라고 우겨댄다.

그러나 이 말씀이 단지 십계명의 네 번째 계명을 미리 암시하는 역할만을 했다고 주장하는 것은 하나님의 말씀을 왜곡하는 것이다. 이 말씀은 명백한 역사적 기록의 영속성을 지닌다.

천지 창조의 기사는 창세기 1장에서 일단 마무리되었고, 2장 1절에서 다시 간단하게 요약되었다. 모세는 그 말씀에 이어 곧

---

[1] A. T. 피어선 (Arthur T. Pierson, 1837-1911). 19세기말 미국 장로교 목사이자 저술가. 미국 뉴욕에서 태어났으며, D. L. 무디, 조지 뮬러의 친구로도 유명하다. 저서로는 『경건에 이르기를 연습하라』 등 약 50권이 넘는 책을 썼다. 은퇴 후, 한국을 방문하여 1912년에 피어선기념성경학원(현재 평택대학교)을 설립했다. - 편집자주

바로 하나님이 일곱째 날에 안식하셨고, 그날을 축복하고 거룩하게 하셨다고 선언했다.

안타깝게도, 이 말씀에 대한 칼빈의 가르침을 잘못 설명하는 사람들이 있다. 그런 사람들의 잘못을 깨우쳐주기 위해, 칼빈의 말을 직접 인용하면 다음과 같다.

"일곱째 날을 복 주신 것은 그날을 엄숙히 성별했다는 뜻이다. 하나님은 그것을 토대로 그날에 모든 일과 활동이 오롯이 자신에게 향하도록 요구하신다. 인간은 하늘과 땅이라는 광대한 극장에 펼쳐진 하나님의 무한한 선과 정의와 능력과 지혜를 일평생 탐구하며 살아야 한다. 그러나 그런 일에 마땅히 기울여야 할 노력을 기울이지 않는 잘못을 저지르지 않게 하기 위해 하나님은 일곱째 날을 특별히 따로 구별하셨다.

하나님이 먼저 안식하고, 그 안식을 축복하신 이유는 그것이 대대로 사람들 사이에서 거룩하게 지켜지게 하기 위해서였다. 하나님은 일곱째 날을 안식의 날로 거룩히 구별하셨고, 친히 본을 보여 그것을 영속적인 규칙으로 제시하셨다. 하나님은 마치 게으름을 좋아하시는 것처럼 사람들에게 일곱째 날에 여가를 즐기라고 명령하지 않으셨다. 모든 일을 중단해야 하는 이유는 친히 본을 보여 인간의 의무를 깨우치고, 그 의무를 이행하도록 독려하신 창조자를 생각하는 일에 더 많은 자유를 할애하기 위해서다."

또 어떤 사람들은 '안식일'이라는 용어가 창세기 2장 2-3절에서 직접 발견되지 않는다는 이유로, 자신들의 주장을 뒷받침하려 든다. 그러나 출애굽기 20장을 살펴보면, 그것이 아무런 근거 없는 핑계인 것을 알 수 있다.

하나님은 시내산에서 이스라엘 백성을 직접 통치하면서, 안식일을 본래의 영광스러운 위치로 회복하셨을 뿐 아니라 그것을 기존의 제도, 곧 창조 당시에 제정된 제도로 간주했고, 그것을 더욱 강화하셨다.

"이는 엿새 동안에 나 여호와가 하늘과 땅과 바다와 그 가운데 모든 것을 만들고 일곱째 날에 쉬었음이라 그러므로 나 여호와가 안식일을 복되게 하여 그날을 거룩하게 하였느니라"(출 20:11).

사람들은 강퍅함과 불신앙에 사로잡힌 탓에 이 외에도 다른 여러 가지 반론으로 이 단순한 말씀을 부인하려고 든다. 나는 그런 것들에 더 이상 시간과 지면을 낭비할 생각이 없다.

창세기 2장은 "천지와 만물이 다 이루어지니라"라는 말씀으로 시작한다. 그 바로 다음 내용이 안식일의 제정에 관한 것이다. 하나님이 세상을 인간이 거주하기에 적합하게 만들고 나서 가장 먼저 하신 일이 안식일을 정하고, 거룩하게 하는 것이었다. 이런 사실보다 이 거룩한 제도의 근본적인 중요성을 더 크게 강조하는 것은 없다.

안식일의 의무는 그 어떤 것보다 앞선다. 이 의무에 비하면, 우리의 이기적인 관심사는 모두 부차적인 것에 지나지 않는다.

페트릭 페어번[2]은 안식일에 대해 이렇게 말했다.

"안식일은 하나님이 제정하신 첫 번째 제도다. 안식일은 처음부터 보편적이고 영속적인 제도로 정해졌다. 안식일은 지금은 사라진 낙원의 영광에 온통 둘러싸여 있을 때도 인간에게 유익했다. 앞으로 얻어야 할 더 위대한 낙원의 영광을 얻기 위해 준비하고 노력하라는 부르심이 오늘날에는 특히 더 유익하다."

---

2) 페트릭 페어번(P. Fairbairn, 1805-1874). 영국 스코틀랜드 자유교회 개혁주의 신학자이자 목회자. 대표적인 저서로는 『The Typology of Scripture』(1845), 『Introduction to the exegetical study of the Scriptures of the New Testament』(1858) 등이 있다. – 편집자주

이 구절에 관해 특별히 생각해야 할 점은 모두 네 가지다.

안식의 날

최초의 안식일은 안식의 날이었다. 창세기 2장 2절은 두 부분에서 이 사실을 거듭 되풀이해 그 특징을 강조했다. 첫째, "하나님은 하시던 일을 일곱째 날에 마치셨다." 둘째, "그분은 하시던 모든 일을 그치고 일곱째 날에 안식하셨다."

따라서 안식일의 기본적인 진리와 가장 중요한 요소는 안식이다. 하나님이 왜 '안식하셨느냐'라는 질문을 제기하기에 앞서 안식의 본질을 잠시 살펴봐야 할 필요가 있다.

일부 주석학자들은 이 안식을 하나님이 자신의 손으로 이루신 일에 만족을 느끼셨다는 의미, 곧 그분이 자신이 창조한 아름다운 세계를 보고 흡족히 여기셨다는 의미로 이해한다. 그러나 하나님의 '안식'은 오래 지속되지 않았다. 그분의 안식은 죄로 인해 갑작스럽게 깨졌다. 요한복음 5장 17절이 말씀하는 대로, 인간이 타락한 이후로 하나님은 쉬지 않고 "일하신다".

창세기 2장 2절에 언급된 하나님의 '안식'을 그런 식으로 정의하는 것을 선뜻 받아들이는 사람은 많지만 스스로 생각하거나 연구하는 일에 힘쓰는 사람은 찾아보기 어렵다. 평판이 좋은 교사들, 곧 다른 문제들로 인해 존경받을 만한 가치를 지닌 사람들이 가르치는 것이면 성경을 아무리 미숙하게 해석한 것이더라도 쉽게 받아들여질 가능성이 크다. 우리에게 진정으로 필요한 것은 겸손하고 부지런한 태도로 우리가 읽고 듣는 모든 것을 성경에 비춰 철저하게 살피는 것이다.

창세기 2장 2절에 언급된 하나님의 '안식'은 죄가 들어오기 전에 창조주께서 느끼셨던 만족을 가리키지 않는다. 이 구절에 전제된 시간 이전에 사탄의 타락이 이루어졌다는 사실이 그 명백한 증거다.

가장 뛰어난 피조물이 가장 사악하고 비열한 죄인으로 전락한 마당에 하나님이 피조 세계를 둘러보며 만족을 느끼셨을 리가 만무하지 않은가? 일부 천사 그룹이 하나님을 저버리고, 천사들의 '삼분의 일'을 끌고 반역을 저질렀는데, 어떻게 하나님이 자신의 손으로 만드신 것들을 보며 만족할 수 있으셨겠는가(계 12:4)? 절대로 그럴 리는 없다. 따라서 하나님의 '안식'을 다르게 정의해야 할 필요가 있다.

항상 그래야 하는 것처럼 여기에서도 신중하게 주의를 기울여 말씀이 기록된 대로 정확하게 살펴야 할 필요가 있다.

창세기 2장 2절은 하나님이 모든 일을 중단하고 안식하셨다고 말씀하지 않는다(이 점은 출애굽기 20장 10절도 마찬가지다). 왜냐하면 그것이 사실이 아니기 때문이다. 창세기 2장 2절은 "하나님이 그가 하시던 일을 일곱째 날에 마치시니 그가 하시던 모든 일을 그치고 일곱째 날에 안식하시니라"라고 조심스럽게 말씀한다.

이것은 안식일의 기본적인 특징과 가장 중요한 요소를 상기시킨다. 구체적으로 말해, 그것은 엿새 동안에 흔히 하는 활동을 중단하고 안식하는 것이다.

하지만 안식일은 단지 모든 활동을 중단하고 쉴 목적으로 제정되지 않았다. 안식일에 온종일 침대에 누워 잠을 자는 것은 하나님이 요구하시는 방식대로 안식일을 지키는 것과는 거리가 멀다. 어떤 일이 요구되고, 또 용인될 수 있는지는 나중에 자세히 살펴볼 예정이다. 지금 내가 강조하고자 하는 것은 안식일의 안식이 주중에 하는 노동을 중단하는 것을 뜻한다는 창세기 2장 2절의 가르침이다.

창세기 2장 2절은 하나님이 일곱째 날에 일을 하지 않으셨다고 말씀하지 않는다. 앞서 말한 대로, 하나님은 일곱째 날에도 일을 하셨다. 다만 그날에 하신 활동은 엿새 동안에 하신 일과 성격이 다를 뿐이었다. 여기에서도 성경은 놀랍도록 정확하다. 하나님은 자기 백성에게 온전한 본을 보여주셨다. 앞으로 살펴보겠지만, 안식일에 적합한 일들이 있다. 만일 하나님이 역사상 최초의 안식일에 모든 일을 중단하셨다면 피조 세계는 완전히 파괴되고 말았을 것이다.

하나님의 섭리적인 사역은 멈출 수 없다. 피조물에게 필요한 것을 공급하시는 일도 중단되지 않는다. '만물'을 '유지하시는' 하나님의 사역은 계속된다. 그렇지 않으면 모든 것이 사라지고 말 것이다.

안식은 단순히 무활동을 의미하지 않는다는 것을 명심해야 한다. 예수님은 '안식'에 들어가셨지만(히 4:10) 아무것도 하지 않고 가만히 계시지 않는다. 그분은 계속 중보 기도를 드리신다. 영원한 안식에 들어간 성도들 역시 활동을 일체 중단한 상태로 머물지 않는다. 성경은 "그의 종들이 그를 섬기며"(계 22:3)라고 말씀한다.

이처럼 하나님도 최초의 안식일에 안식을 누리셨지만, 그것은 일체의 활동을 중단한 안식이 아니었다. 창조와 회복이라는 하나님의 사역은 잠시 중단되었지만 그분의 섭리 사역, 수많은 피조물에게 필요한 것을 공급하는 사역은 계속되었다(이 사역은 결코 멈추지 않는다).

그렇다면 하나님은 왜 일곱째 날에 안식하셨을까? 하나님이 창세기 1장에 기록된 모든 창조 사역을 엿새 동안에 마치고 안식하신 이유는 무엇일까?

그 이유는 창조주 하나님이 휴식이 필요하셨기 때문이 아니다. 성경은 "땅끝까지 창조하신 이는 피곤하지 않으시며"(사 40:28)라고 말씀한다. 그렇다면 하나님은 왜 '안식'하셨을까? 성경의 처음 두 번째 장에 그렇게 기록된 이유는 무엇일까?

대답은 오직 한 가지뿐이다. 그 이유는 인간에게 본을 보이시기 위해서였다. 이 대답은 우리가 생각해 낸 논리적인 추론이나 그럴듯한 설명이 아니다. 이 대답은 하나님의 권위에서 비롯한 것, 곧 다른 누구도 아닌 예수님께서 친히 하신 말씀에 근거한 것이다. 그분은 "안식일이 사람을 위하여 있는 것이요"(막 2:27)라고 말씀하셨다. 안식일은 하나님이 아닌 인간을 위해 제정되었다. 이보다 더 분명하고, 더 단순하고, 더 명료한 사실은 없다.

하나님이 축복하신 날

안식일이 처음 언급된 이 대목에서 우리가 주의 깊게 관심을 기울여야 할 두 번째 사실은 창세기 2장 3절의 말씀대로 하나님이 이날을 축복하셨다는 것이다. "하나님이 그 일곱째 날을 복되게 하사." 하나님이 일곱째 날을 축복하신 이유는 그것이 일곱째 날이기 때문이 아니라 '그날에 안식하셨기' 때문이다. 안식일의 율법이 돌판에 기록되었을 때 하나님이 "일곱째 날을 기억하여 거룩히 지켜라"가 아니라 "안식일을 기억하여 거룩히 지켜라."라고 말씀하신 이유가 여기에 있다. 하나님은 "일곱째 날을 복되게 하여 그날을 거룩하게 하였느니라."가 아니라 "안식일을 복되게 하여 그날을 거룩하게 하였느니라."라고 말씀하셨다.

그렇다면 하나님은 왜 그렇게 하셨을까? 왜 일곱째 날만 그렇게 특별한 날이어야 했을까? 로버트 영의 성경사전(Young's Concordance)은 '복되게 하사'라는 히브리어를 '복되다고 선언하다'로 정의했다. 그렇다면 하나님은 왜 다른 날은 복되다고 선언하지 않고, 오직 일곱째 날만을 복되다고 '선언'하셨을까? 하나님이 일곱째 날을 복되다고 선언하신 이유는 그날이 안식일이고, 그날을 지키면 특별한 축복을 받게 되기 때문이다. 하나님의 말씀을 읽는 사람은 이 사실을 처음부터 분명하게 기억해야 한다.

이런 사실은 현대의 잘못된 가르침을 즉각 논박할 뿐 아니라 많은 사람이 하나님을 향해 쏟아내는 비난을 일거에 일축한다. 안식일은 인간을 속박하기 위해 제정되지 않았다. 그날은 무거운 짐이 아닌 축복이다. 역사를 돌아보면, 안식일을 거룩하게 지킨 가정이나 국가는 하나님의 축복을 받아 누렸고, 그와 반대로 안식일을 더럽힌 가정이나 국가는 하나님의 저주를 받았던 것을 분명하게 알 수 있다. 설명은 자유지만, 이 사실은 결코 변하지 않는다.

거룩한 용도로 사용하기 위해 특별히 구별된 날

창세기 2장 3절은 안식일이 거룩한 용도로 사용하기 위해 구별된 날이라고 가르친다. 이런 사실은 "하나님이 그 일곱째 날을 복되게 하사 거룩하게 하셨으니"라는 말씀을 통해 분명하게 드러난다.

성경적인 용법에 따르면, '거룩하게 하다'로 번역되는 히브리

어는 거룩한 용도로 사용하기 위해 따로 구별하는 것을 의미한다. 이로 미루어 볼 때, 창세기 2장 3절은 단지 하나님이 일곱째 날에 안식하셨다는 역사적인 사실이나 하나님이 피조물들 앞에서 본을 보이셨다는 것 이상의 의미를 지닌다는 것을 알 수 있다.

하나님이 일곱째 날을 '거룩하게 하셨다'라는 것은 안식일이 제정되었다는 것, 곧 하나님께서 인간이 안식일을 지켜 거룩한 용도로 사용하도록 정하셨다는 것을 분명하게 보여준다. 창조주께서 친히 본을 보이신 대로, 안식일은 노동이 이루어지는 다른 엿새의 날과는 엄격하게 구별된다.

한 가지 확연한 차이

창세기 2장 3절에서는 한 가지 확연한 차이가 발견된다. 창세기 1장을 읽어보면, 엿새 동안에는 하루가 끝날 때마다 어김없이 "저녁이 되고 아침이 되니"라는 표현이 덧붙여졌다(창 1:5, 8, 13, 19, 23, 31). 그러나 창세기 2장 2-3절에서는 "저녁이 되고 아침이 되니 이는 일곱째 날이니라."라는 말씀이나 여덟째 날에 대한 언급이 전혀 없다. 일곱째 날이 끝나 지나갔다는 암시는 어디에서도 발견되지 않는다. 이유가 무엇일까?

성경에 이런 차이가 드러날 때는 항상 분명한 이유가 있다. 성령께서 일곱째 날이 끝났다는 것을 보여주는 공식적인 언급을 생략하신 데에는 간과해서는 안 될 중요한 이유가 존재한다. 이것은 단순한 침묵이 아니다. 여기에는 역사가 지속되는 한, 안식일이 끊이지 않고 계속해서 지켜나가야 할 날이라는 중요한 암시가 담겨 있다.

결론적으로 말해, 창세기 2장에는 이 중요한 '일곱째 날'이 어느 요일인지를 확인할 수 있는 내용이 전혀 발견되지 않는다. 처음의 일곱째 날이 토요일인지 일요일인지, 또는 다른 어떤 요일인지를 알 수 있는 길은 없다. 왜냐하면 첫 일주일이 어느 요일부터 시작했는지 알 수 없기 때문이다. 우리가 알 수 있고, 또 알아야 할 필요가 있는 것은 일곱째 날이 엿새 동안의 노동 이후에 찾아왔다는 사실뿐이다. 기독교의 안식일이 어느 요일인지에 관해서는 나중에 자세히 살펴볼 예정이다.

The Holy Sabbath

"시간을 구분하는 다른 단위들은 모두 천체의 움직임과 관련이 있다. 지구가 태양을 도는 것을 토대로 해가 구분되고, 달이 지구를 도는 것을 토대로 달이 구분되며, 지구가 중심축을 중심으로 도는 것을 토대로 날이 구분된다. 그러나 시간을 일주일 단위로 구분하는 것은 자연의 무엇을 토대로 한 것일까? 그것은 실질적이고, 인위적인 구분, 곧 권위에 근거한 구분이다. 역사적인 연대표들은 모두 그런 식의 시간 구분을 기록하고 있다. 그렇다면 그것은 어디에서 기원했을까? 여기 가장 오래된 책, 곧 인간에 대한 최초의 기록에서 그 기원과 목적을 발견할 수 있다."

2장

십계명 이전의
안식일 규례

지금까지 안식일의 제정과 관련된 사실들을 살펴보면서, 창세기 2장 3절에 기록된 창조주 하나님의 세 가지 행위를 생각해 보았다. 그것들은 모두 인간과 분명하고도 특별한 연관이 있는 행위였다. 하나님은 '일곱째 날에 안식하심으로써' 우리가 따라야 할 본을 보여주셨다(첫 번째 행위).

　이것은 막연한 추론이 아니다. 그 이유는 '하나님이 일곱째 날을 복되게 하심으로써' 그날의 올바른 목적과 목표에 마땅히 관심을 기울여야 할 사람들을 위해 특별한 축복을 허락하셨기 때문이다(두 번째 행위).

　"인간이 생산적인 일을 통해 얻을 수 있는 것을 잠시 포기하더라도 안식일을 통해 심신이 새로운 활력을 얻고, 영혼이 크게 고양되며, 다른 무엇보다도 하나님에 관한 관심의 증대와 영적 교제가 이루어져 그것이 그분을 따르는 사람들의 지속적인 분깃이 되고, 항상 그분께로 되돌아가 지극한 영혼의 안식을 누림으로써 넘치는 보상을 받게 될 것이다."(페트릭 페어번).

아울러 하나님은 '일곱째 날을 거룩하게 하심으로써' 그날을 나머지 엿새와 구별해 독특한 지위를 부여하셨다(세 번째 행위).

그러나 어떤 사람들은 창세기 2장 3절의 분명한 의미를 애써 무시하며 그것이 안식일을 지키라는 분명한 명령은 아니라고 주장한다. 그런 반론은 관심을 기울일 가치조차 없지만, 그런 주장에 혼란을 느끼는 사람들이 더러 있기 때문에 간단히 다루고 지나가는 것이 좋을 듯하다.

첫째, 안식일의 준수는 자연의 법이 우리에게 분명하게 요구하는 의무다. 우리는 이 세상에서 하나님을 엄숙하게 예배하기 위해 그분이 우리에게 허락하신 시간의 일부를 따로 떼어 그분께 바쳐야 할 의무가 있다. 창세기 2장 3절 외에 그 무엇이 인간에게 시간의 일부를 따로 떼어 그런 목적에 사용해야 한다는 사실을 깨우쳐줄 수 있겠는가?

그런 자연적인 명령은 오직 일곱 날 가운데 하루를 거룩하게 하라는 안식일의 규례를 통해서만 충족될 수 있다.

둘째, 창세기 2장 3절의 명령이 불확실하다는 식의 주장은 그 명령만큼이나 오래된 한 가지 사실에 의해 쉽게 논박할 수 있다. 사실 창세기 3장 15절에 그리스도의 약속이 주어졌다는 것은 보편적으로 인정되는 사실이다. 그 약속은 또한 저주의 형태로 뱀에게도 똑같이 주어졌다. 창세기 2장 3절의 명령과 창세기 3장 15절의 약속은 자명하기 때문에, 만일 전자를 부인하려면 동일한 원리에 따라 후자도 함께 부인해야 한다.

셋째, 가장 결정적인 사실은 "안식일이 사람을 위하여 있는 것이요"(막 2:27)라는 주님의 말씀에 있다. 이것은 안식일의 목적이 사람이 그것을 지켜 유익을 얻는 것에 있다는 뜻이다. 하나님의 영광과 인간의 유익은 항상 서로 밀접하게 관련된다. 하나님이 자신의 영광을 위해 우리의 관심과 실천을 요구하시는 것이 있다면, 그것을 준수하는 것이 곧 지혜와 유익을 얻는 길이다. 따라서 안식일이 사람을 위한 것이라면 인간은 하나님의 권위를 존중해 거기에 기꺼이 복종해야 한다.

마지막으로 인간의 최초 상태, 곧 죄로부터 자유로운 상태에서 안식일을 지키는 것이 필요하고 유익한 일이었다면("그것을 경작하며 지키게 하시고"라는 창세기 2장 15절 말씀에서 알 수 있는 대로, 그때에도 인간은 에덴동산에서 노동을 해야 했다), 타락으로 인해 부패해진 상태에서 회복하기 위해서는 그날을 지키는 것이 더더욱 필요하지 않겠는가?

이번 장의 나머지 부분에서는 거룩한 안식일을 처음에 어떻게 지켰는지, 역사의 초창기에서부터 출애굽기 20장에서 안식일 계명이 공식적으로 확증되기까지의 과정을 살펴보는 데 초점을 맞출 생각이다.

안식일의 규례는 하나님께서 십계명을 돌판에 새겨주실 때 처음 제정되었다는 주장이 종종 제기된다. 그러나 앞서 살펴본 대로 그런 주장은 잘못이다. 안식일의 규례는 인간이 타락하기 전에 이미 제정되었다.

이제부터 이스라엘 백성이 시내산에 당도하기 전에 인간이 안식일을 지킨 증거가 있는지 잠시 생각해 보기로 하자.

이 문제를 본격적으로 다루기 전에 먼저 지적해 두고 싶은 것은 설혹 그런 증거가 발견되지 않는다고 해도, 출애굽기 20장 이전에 안식일이 인류에게 알려진 바가 없다고 확실하게 결론지을 수 없다는 것이다. 증거의 부재에 근거한 논증은 확정적이지 않다. 여호수아 이후로 바벨론 포로기까지 할례에 대한 언급이 전혀 없지만, 그렇다고 해서 그것을 근거로 그 의식이 완전히 중단되었다고 추론하는 것은 큰 오류에 해당할 것이 분명하다.

안식일이 모세의 율법 가운데서 매우 중요한 위치를 차지하고 있는데도 불구하고 그로부터 거의 700년이 흐른 엘리야의 시대 이전에는 단 한 번도 언급된 적이 없을 뿐 아니라, 지나가는 투로 잠깐 언급되었을 뿐이다(왕하 4:23).

만일 위에서 언급한 것들을 다룰 때와 비슷한 방식으로 홍수 이전과 족장 시대의 경우처럼 역사를 간결하게 요약한 경우라면 이상하게 생각할 필요가 전혀 없다.

그러나 과연 안식일에 관한 증거가 하나도 없을까? 이스라엘 백성이 시내산에 당도하기 전에 인간이 안식일을 지켰는지를 알려주는 증거가 성경에 전혀 없는 것일까?

이 물음에 대한 대답을 찾으려면, 창세기와 출애굽기 1-8장을 살펴봐야 할 필요가 있다. 그러기 전에 우선 한 가지 기억해 두어야 할 일반적인 사실이 있다. 성경의 처음 68장 안에는 인류의 장구한 역사가 짧게 압축되어 있다. 성령께서 인류의 초기 역사 속에서 일어난 일들을 대략 기술하셨다는 것을 즉각 알아차릴 수 있다. 따라서 안식일에 관한 간단한 언급과 그 가장 기본적인 속성 이상의 것을 발견할 수 있을 것이라는 기대는 하지 않는 것이 좋다. 이 점은 다른 주제들도 마찬가지다. 안식일을 언급한 내용이 발견되는 것은 분명하지만, 단지 무심코 지나가며 하는 말처럼 보일 뿐이다.

"세월이 지난 후에(곧 날들이 끝날 때), 가인은 땅의 소산으로 제물을 삼아 여호와께 드렸고 아벨은 자기도 양의 첫 새끼와 그 기름으로 드렸더니"(창 4:3, 4). 가인과 아벨이 하나님께 제물을 바쳤다는 사실은 성경에 진술된 대로 그렇게 해야 할 시기가 그들에게 알려져 있었고, 또 그들이 그 시기를 인지하고 있었다는 것을 암시한다. 만일 그렇지 않다면 질투심 많은 가인이 경건한 아벨과 더불어 그런 행동을 했을 리가 만무하지 않겠는가? 가인과 아벨이 제물을 바친 것은 하나님을 공식적으로 인정하는 행위, 곧 예배의 행위였다. 더욱이 위의 말씀은 그들이 '날들이 끝날 때', 곧 하나님이 정하신 때에 예배를 드렸다고 분명하게 밝히고 있다.

그 '때'는 과연 언제였을까? '날들이 끝날 때'는 대체 무슨 의미일까? 성경을 어린아이와 같은 단순함으로 편견 없이 읽는 독자들, 곧 하나님의 생각을 알고 싶어 하는 사람들은 여기에서 오직 한 가지 개념을 떠올릴 것이 틀림없다. 그런 사람은 자연스레 '날들이 끝날 때'가 한 주간의 끝, 곧 안식일을 가리킨다고 생각할 것이 틀림없다.

그렇다면 이런 생각을 입증하는 증거는 무엇일까? 그 증거는 성경의 문맥에 있다. 창세기의 처음 세 장을 읽어보면, '마침'의 의미가 오직 하나인 것을 알 수 있다. 창세기 2장 2절은 "하나님이 그가 하시던 일을 일곱째 날에 마치시니"라고 말씀한다. 성경을 성경으로 해석한다는 원칙을 따른다면, 이 용어의 의미는 그것이 다른 구절들에서 사용된 방식에 의해 규정된다. 문맥의 원칙이 주어진 문장의 의미를 결정한다. 따라서 창세기 4장 3절의 '끝날 때'도 노동하는 날들의 끝, 곧 안식일을 의미할 수 있다. 이 구절에는 네 가지가 암시되어 있다. 첫째, 가인과 아벨 이전에 안식일이 제정되었다. 둘째, 안식일은 노동하는 날들의 끝에 찾아왔다. 셋째, 아담과 하와의 자손들이 그날을 알았고, 또 인정했다. 넷째, 그날이 거룩한 용도로 사용하기 위해 (즉 하나님을 예배하기 위해) 따로 구별되었다.

이번에는 창세기 5장 29절을 살펴보자. "이름을 노아라 하여 이르되 여호와께서 땅을 저주하시므로 수고롭게 일하는 우리를 이 아들이 안위하리라 하였더라."

이 말씀은 라멕이 아들의 이름을 '노아'로 부르게 된 이유를 보여준다. 성령께서 이런 세부적인 사실을 기록으로 남기신 이유는 거기에 중요한 의미가 담겨 있기 때문이다. 당시에는 부모가 자녀의 이름을 아무렇게나 짓지 않았다. 당시의 이름에는 중요한 의미가 담겨 있었다. 하나님의 인도에 따라 이름을 짓는 일이 종종 있었고, 때로는 중요한 사건들을 기념할 목적으로 이름이 지어지기도 했다. 노아의 경우도 마찬가지였다. 라멕은 므두셀라의 아들이자 에녹의 손자로 경건한 계보에 속했다(므두셀라는 이름도 하나님의 인도에 따라 지어진 것이 분명하다). "수고롭게 일하는 우리를 이 아들이 안위하리라"라는 말씀에서 알 수 있는 대로, 라멕은 자기 아들에게 안식을 뜻하는 노아라는 이름을 지어주었다.

창세기 2장 3, 4절에 비춰보면, 이 말씀은 참으로 의미심장하지 않은가? 라멕은 자기 아들에게 지어준 이름을 통해 '수고로운 일'에서 안식을 누리도록 안식일을 허락하신 창조주에 대한 감사의 마음을 표시했다. 그것은 안식일이 상징하고 보증하는 영원한 안식을 고대하는 경건한 마음에서 우러나온 것이었다.

창세기 7장 10절은 "칠 일 후에 홍수가 땅에 덮이니"라고 말씀한다. 이 구절은 대홍수의 시작을 알린다. 이 구절에 사용된 용어들이 주목해야 할 가치를 지닌 이유는 바로 다음 구절이

"노아가 육백 세 되던 해 둘째 달 곧 그 달 열이렛날이라 그날에 큰 깊음의 샘들이 터지며 하늘의 창문들이 열려"라고 말씀하기 때문이다. 성령께서 시간을 나타내는 이 두 가지 표현을 사용하신 데에는 그만한 이유가 있었던 것이 분명하다. 두 번째 표현은 역사적인 사실을 가리키는 것이 확실하다.

그렇다면 홍수가 "칠 일 후에" 일어나기 시작했다는 첫 번째 표현이 사용된 이유는 무엇일까? 그것은 도덕적인 이유, 곧 홍수가 일어나게 된 이유를 밝히는 데 있다. 이 표현은 여러 가지 이유 가운데 하나, 곧 가장 주된 이유(하나님이 세상에 그토록 혹독한 심판을 허락하신 이유)를 설명한다. 다시 말해, 이 표현은 심판이 안식일에 시작되었다는 엄숙한 메시지를 전달한다. 그렇게 추론할 수밖에 없지 않겠는가? 이것은 사람들이 흔히 말하는 대로 일종의 '시적 정의'(poetic justice, 인과응보를 가르치는 도덕적 교훈 – 역자주)가 아니겠는가? 사람들은 하나님의 거룩한 날을 더럽혔다. 따라서 하나님은 안식일에 홍수가 시작되게 만들어 그들에게 진노를 쏟아부으셨다.

이밖에도 창세기 8장 10, 12절은 "또 칠 일을 기다려…또 칠 일을 기다려"라고 말씀한다. 이것은 노아의 시대에 시간을 7일 단위로 구분하는 것이 공인된 관습이었다는 증거다. 이런 표현이 거듭 되풀이되고 있다는 것은 노아가 임의나 무심결에 그렇게 한 것이 아니라는 것을 분명하게 보여준다. 이 사실이 간과될 때가 많다. 언제, 어떻게, 왜 시간을 그런 식으로 구분하게 되었을까? 시간을 7일 단위로 구분한 것은 태초부터 안식일이 존재했다는 것을 보여주는 또 다른 증거가 아닐 수 없다. 남침례교 신학교 학장 캐롤은 이렇게 말했다.

"이 이상한 역사적 사실에 주의를 기울여주기 바란다. 시간을 구분하는 다른 단위들은 모두 천체의 움직임과 관련이 있다. 지구가 태양을 도는 것을 토대로 해가 구분되고, 달이 지구를 도는 것을 토대로 달이 구분되며, 지구가 중심축을 중심으로 도는 것을 토대로 날이 구분된다. 그러나 시간을 일주일 단위로 구분하는 것은 자연의 무엇을 토대로 한 것일까? 그것은 실질적이고 인위적인 구분, 곧 권위에 근거한 구분이다. 역사적인 연대표들은 모두 그런 식의 시간 구분을 기록하고 있다.

그렇다면 그것은 어디에서 기원했을까? 여기 가장 오래된 책, 곧 인간에 대한 최초의 기록에서 그 기원과 목적을 발견할 수 있다. 노아는 방주 안에서 그 사실을 두 차례나 인정했다. 그는 칠

일을 두 번씩 기다리며 비둘기를 밖으로 날려 보냈다. 야곱이 라헬을 아내로 얻기 위해 구혼할 때에도 그런 시간 구분이 널리 시행되고 있었다. 그녀의 엄한 아버지는 그에게 '칠 일을 채우라'(창 29:27)라고 말했다. 왜 칠 일이었을까? 그는 어떻게 그것을 알았을까? 한마디로 그것은 하나님이 정하신 시간의 단위였다."

그렇다. 그것은 하나님이 정하신 시간의 단위였다. 왜 일주일이 엿새나 열흘이 아닌 7일이어야 했을까? 온 세상 사람들이 그런 시간 구분을 채택한 이유는 무엇일까? 오직 안식일만이 그 이유를 설명해준다. 이것은 그 외의 다른 방법으로는 해결할 수 없는 수수께끼다. 이것을 설명할 수 있는 증거, 곧 모두에게 확실하게 드러난 자연적 현상은 없기 때문에 인류와 동일한 시기에 시작된 고대의 제도에서 그것이 기원했다고 추론할 수밖에 없다. 그 제도는 바로 안식일이다. 창조주께서는 일곱째 날을 따로 구별해 자기를 예배하게 하셨다. 우주의 건축자께서는 시간 속에 자신의 인장을 새겨 넣으셨다. 그것은 결코 지워 없어지지 않는다.

존 오웬은 안식일을 다룬 그의 책에서 공정하고 경건한 생각을 지닌 사람이라면, 누구나 족장들이 거룩한 안식일을 자유롭게 준수했다는 사실을 의심하지 않을 것이라고 말했다. 그의 주장을 간단하게 정리하면 다음과 같다.

히브리서 11장 3절에서 언급한 대로, 세상의 창조는 족장들이 믿었던 중요한 신앙의 원리 가운데 하나였다. 따라서 족장들이 하나님이 창조 사역을 마치고 안식하신 전통을 잊었다고 생각하는 것은 터무니없다. 족장들이 가족들과 함께 하나님을 엄숙히 예배했다는 사실이 창세기 18장 19절을 비롯해 여러 곳에 나타나 있다. 따라서 일정하게 정해진 시간이 필요했을 것 틀림없다. 하나님이 이 중요한 문제와 관련해 아무런 지침도 제시하지 않으셨다고 생각할 이유가 무엇인가? 그들의 삶에 대한 증언, 곧 그들이 하나님과 동행함으로써 선한 평판을 얻었고, 그분의 "율례"와 "법도"(창 26:5)를 지켰다는 사실이 모두 똑같은 결론을 요구한다.

창세기 21장 28절은 "아브라함이 일곱 암양 새끼를 따로 놓으니"라고 말씀한다. 여기에서 주목해야 할 것은 고대인들이 보편적으로 일곱을 신비로운 의미를 지닌 숫자로 간주했다는 사실이다. 야곱은 에서에게 복종한다는 뜻으로 그 앞에서 일곱 차례나 엎드렸고, 라헬과 레아를 얻기 위해 각각 칠 년 동안 라반을 섬겼다. 어떤 이유에서인지 일곱이라는 숫자는 아브라함과 이삭과 야곱의 가정에서 특별하게 취급되었다. 셈의 계보에 속한 다른 자손들에게도 그와 똑같은 현상이 나타난다. 예를 들어, 대홍수 이후에 고대 사회에서 활동했던 욥도 친구들이 자기를 위로하려고 찾아와서 "밤낮 칠 일 동안 그와 함께 땅에 앉았으나"라고 기록했고(욥 2:13), 나중에 하나님이 그들을 위해 기도를 드리라고 명령하셨을 때에도 "그런즉 너희는 수소 일곱과 숫양 일곱을 가지고 내 종 욥에게 가서"(욥 42:8)라고 말했다. 발람도 이 숫자를 존중했다(민 23:1). 나는 일곱이라는 신비로운 숫자에 부여된 이런 신성한 의미가 안식일에서 비롯했다고 확신한다.

출애굽기에도 역사의 초창기에 나타난 안식일의 흔적이 발견된다. 이 주제를 다룬 사람들이 대부분 간과한 것처럼 보이는 매우 중요한 사실 하나가 눈에 띈다. 이스라엘이 애굽에서 구원받은 이유 가운데 하나는 안식일을 지키고, 희생 제사를 드리며, 그것과 관련된 규례들을 실행하기 위해서였다.

"이스라엘의 하나님 여호와께서 이렇게 말씀하시기를 내 백성을 보내라 그러면 그들이 광야에서 내 앞에 절기를 지킬 것이니라 하셨나이다"(출 5:1).

"내 백성을 보내라 그들이 나를 섬길 것이니라"(9:1).

이 말씀들은 이스라엘 백성이 애굽에 머물렀던 동안에는 종교적인 절기를 지킬 수 없었다는 것을 보여준다. 그들의 무자비한 감독자들은 안식일도 무시한 채 끊임없이 일만 하면서 비참하게 살도록 만들었다. 이런 사실이 바로가 모세와 아론에게 한 말 속에 분명하게 드러나 있다.

"애굽 왕이 그들에게 이르되 모세와 아론아 너희가 어찌하여 백성의 노역을 쉬게 하려느냐 가서 너희의 노역이나 하라 바로가 또 이르되 이제 이 땅의 백성이 많아졌거늘 너희가 그들로 노역을 쉬게 하는도다 하고"(출 5:4-5).

모세는 애굽에 돌아가자마자 자기 동포들이 안식일을 지키게 해달라고 강력하게 요구했지만, 바로는 그런 그의 요구를 단호히 거절했다.

"네 번째 안식일 계명이 십계명에 기술된 순서는 매우 의미심장하다. 그것은 첫 번째 돌판의 마지막과 두 번째 돌판의 첫 시작 사이에 위치한다. 이것은 두 돌판의 계명들을 지키는 것이 이 특별한 계명을 지키는 것에 크게 좌우된다는 의미를 내포한다."

3장

십계명을 통해 안식일 규례가 새롭게 갱신되다

이번 장과 지난 장 사이의 작은 간극을 메우려면, 출애굽기 16장에서 발견되는 놀라운 말씀을 잠시 살펴봐야 한다. 그 말씀에는 이스라엘이 시내산에 당도하기 전부터 안식일과 그것을 지키는 관습이 존재했다는 것을 보여주는 중요한 사실들이 포함되어 있다.

출애굽기 16장은 이스라엘 백성이 광야에서 생활하는 동안 하나님이 그들에게 만나를 허락하신 사실을 기록하고 있다.

"보라 내가 너희를 위하여 하늘에서 양식을 비같이 내리리니 백성이 나가서 일용할 것을 날마다 거둘 것이라 이같이 하여 그들이 내 율법을 준행하나 아니하나 내가 시험하리라 여섯째 날에는 그들이 그 거둔 것을 준비할지니 날마다 거두던 것의 갑절이 되리라"(출 16:4-5).

이 말씀은 십계명이 돌판에 새겨지기 전에 하나님의 율법이 존재했다는 사실을 분명하게 보여준다. 안식일의 준수는 하나님의 율법이었다. 이 사실 외에는 모세에게 주어진 이 말씀을 달리 설명할 방도가 없다.

하나님은 자기 백성에게 매일 만나를 베푸실 생각이셨고, 모세에게 엿새째에는 갑절의 만나를 제공하겠다고 알리셨다. 이것은 일곱째 날에는 아무에게도 만나를 허락하지 않으실 것이라는 의미였다. 이 점에서 출애굽기 16장은 창세기 2장 2, 3절과 일맥상통한다. 황송하게도 창조주께서는 친히 피조물인 인간에게 본을 보여주셨다. 하나님은 안식일에 만나를 허락하지 않음으로써 그날에 대한 특별한 관심을 드러내셨다.

"시내산에서 율법이 반포되기 전에 안식일을 존중하고, 그것을 더럽히지 않도록 매주 세 가지 기적이 베풀어졌다. 구체적으로 말해, 매주 엿새째 날에 갑절의 만나가 주어졌고, 안식일에는 만나가 내리지 않았으며, 안식일을 위해 준비한 만나가

썩지 않았다."(로버트 홀데인[3], 1764-1842).

"여섯째 날에는 각 사람이 갑절의 식물 곧 하나에 두 오멜씩 거둔지라 회중의 모든 지도자가 와서 모세에게 알리매"(출 16:22). 모세는 그들의 말을 듣고 "여호와께서 이같이 말씀하셨느니라 내일은 휴일이니 여호와께 거룩한 안식일이라"(23절)라고 분명하게 대답했다.

이것은 이스라엘의 역사에서 안식일이 분명하게 언급되어 나타난 최초의 사례다. 여기에 "안식일"이라는 용어가 사용된 것으로 보아 안식일이 모세 당시에 공식적인 율법을 통해 처음 제정되었다는 것이 터무니없는 억측임을 분명하게 알 수 있다.

생각이 정직한 사람이라면 출애굽기 16장을 읽으면서, 이전에 전혀 알려진 바가 없는 중요한 종교적 규례가 이스라엘 백성에게 처음 주어졌다고 결론짓지 않을 것이 틀림없다. 신중한 독자라면 성경 저자가 두 가지를 염두에 두고 이 말씀을 기록했다는 것을 익히 짐작할 수 있을 것이다. 구체적으로 말해, 성경 저자는 이스라엘 백성에게 구속력을 지닌 하나님의 율법

---

[3] 로버트 홀데인 (Robert Haldane, 1764-1842). 스코틀랜드 출신의 신학자이며 저술가. 저서로는 『Commentaire sur l'Épître aux Romains』(1819), 『On the Inspiration of Scripture』(1828), 『Sanctification of the Sabbath』(1842), 『Exposition of the Epistle to the Romans』(1842) 등 다수가 있다. - 편집자주

이 이미 존재하고 있고(그들은 그것에 의해 새롭게 검증되어야 했다), 그들이 안식일 준수를 기대해도 될 만큼 그것에 대한 지식을 충분히 소유하고 있다는 것을 염두에 두었다. 이 점을 고려하지 않으면 위의 말씀을 이해하기가 어렵다.

23절에 기록된 모세의 말은 장로들이 그에게 물은 질문에 대답하는 과정에서 부수적으로 덧붙여진 것이다. 이 말씀의 골자는 이스라엘 백성이 여섯째 날에 갑절의 만나를 거두었다는 것이다. 모세는 새로운 율법을 반포하거나 일곱째 날을 지키는 방법에 대해 세세한 가르침을 베풀지 않았다. 이 복된 안식일의 규례는 죄의 광야에서 기원하지 않았다. 출애굽기 16장이 묘사하는 상황은 그것이 이미 오래전에 정해진 제도라는 것을 전제한다.

논의를 진행하기에 앞서 한 가지 더 말해두고 싶은 것은 23절에 기록된 모세의 말에 안식일의 중요한 특징 세 가지가 드러나 있다는 것이다. 첫째는 안식일이 '휴일', 즉 '안식의 날'이라는 것이고, 둘째는 그날이 '거룩한 날'이라는 것이며(노동이 이루어지는 엿새와 구별된다), 셋째는 '여호와를 위한 날', 즉 하나님을 예배하고 섬기는 날이라는 것이다.

"일곱째 날에 백성 중 어떤 사람들이 거두러 나갔다가 얻지 못하니라 여호와께서 모세에게 이르시되 어느 때까지 너희가 내 계명과 내 율법을 지키지 아니하려느냐"(27, 28절). 인간의 마음이 얼마나 부패한 상태인지를 알 수 있는 대목이다. 이 사례에서 알 수 있는 대로, 인간에게는 하나님의 거룩한 날을 더럽히려는 보편적이고 공통된 성향이 존재한다. 일곱째 날의 안식과 관련해 가장 분명한 가르침이 주어졌는데도 백성들 가운데 일부가 만나를 거두러 나갔다.

"어느 때까지 너희가 내 계명과 내 율법을 지키지 아니하려느냐"(28절)라는 하나님의 반응에 주목하라. "어느 때까지 너희가… 지키지 아니하려느냐"라는 말씀으로 보아, 이스라엘 백성이 안식일을 더럽힌 것이 처음 있는 일이 아니었다는 것을 알 수 있다.

이런 사실은 위에서 4절을 다루면서 논의한 것을 확실하게 뒷받침한다. 다시 말하지만, 이스라엘 백성이 시내산에 당도하기 오래전부터 하나님의 계명과 율법이 존재했다. 하나님이 직접 그렇게 말씀하셨다. 이 사실을 부인하는 사람은 지위나 평판에 상관없이 하나님을 거짓말쟁이로 만드는 중대한 죄를 짓는 셈이다. "어느 때까지 너희가 … 지키지 아니하려느냐"라는 말씀은 이스라엘 백성이 애굽에 머무는 동안에 저지른 사악한 행위를 암시한다.

마지막으로, 29절에서도 안식일 준수가 당시에 새로운 것이 아니었다는 사실을 보여주는 증거가 하나 더 발견된다.

"볼지어다 여호와가 너희에게 안식일을 줌으로 여섯째 날에는 이틀 양식을 너희에게 주는 것이니 너희는 각기 처소에 있고 일곱째 날에는 아무도 그의 처소에서 나오지 말지니라."

동사들의 시제를 주의 깊게 구별해 사용한 것에 주목하라. "여호와께서 너희에게 안식일을 줌으로 여섯째 날에는 이틀 양식을 주는 것이니"라고 말씀했다("줌으로"는 완료시제가, "주는"은 현재시제가 각각 사용되었다 – 역자주).

따라서 안식일이 시내산에서 처음 제정되었다는 주장은 변명의 여지가 없는 무지를 드러내는 것이다. 그것은 무지에서 비롯한 것이거나 성경을 고의로 왜곡하는 것이거나 둘 중 하나일 테지만, 사랑으로 너그럽게 이해한다면 무지에서 비롯한 것이라고 결론지어야 할 듯하다.

시내산에서는 거룩한 안식일을 새롭게 회복하고 강화하는 일이 진행되었다.

"안식일을 기억하여 거룩하게 지키라 엿새 동안은 힘써 네 모든 일을 행할 것이나 일곱째 날은 네 하나님 여호와의 안식일인즉 너나 네 아들이나 네 딸이나 네 남종이나 네 여종이나 네 가축이나 네 문 안에 머무는 객이라도 아무 일도 하지 말라 이는 엿새 동안에 나 여호와가 하늘과 땅과 바다와 그 가운데 모든 것을 만들고 일곱째 날에 쉬었음이라 그러므로 나 여호와가 안식일을 복되게 하여 그날을 거룩하게 하였느니라"(출 20:8-11).

십계명은 이스라엘 백성 모두가 듣는 자리에서 직접 반포되었다. 그러나 의식이나 법률에 관한 율법들은 모세를 통해 주어졌다. 하나님이 직접 손가락으로 두 번이나 돌판에 새기신 율법은 십계명뿐이다.

이런 사실은 십계명의 영구성과 지속성을 암시한다. 십계명은 거룩한 언약궤에 안치되었고, 모세가 책에 기록한 다른 율법들은 그 옆에 보관되었다.

하나님이 그런 식으로 십계명의 중대성을 강조하고 그것에 다른 율법들에 비해 월등한 지위를 허락하셨을 뿐 아니라 네 번째 안식일 계명의 탁월한 중요성과 가치를 특별하게 부각시키셨다. 첫째, 네 번째 안식일 계명에는 다른 계명들과 다르게 '기억하라'는 특별한 명령이 주어졌다. 이런 명령이 주어진 이유는 안식일이 매우 중요하고, 또 우리가 그것을 소홀히 하는 경향을 지니고 있기 때문이다. 둘째, 다른 아홉 계명은 긍정이든 부정이든 둘 중 한 가지 표현을 사용해 간단하게 진술되었지만, 네 번째 안식일 계명은 "거룩하게 지키라. … 아무 일도 하지 말라."라는 식으로 긍정과 부정의 표현이 모두 사용되었다. 셋째, 네 번째 안식일 계명이 십계명에 기술된 순서는 매우 의미심장하다. 즉 그것은 첫 번째 돌판의 마지막과 두 번째 돌판의 첫 시작 사이에 위치한다. 이것은 두 돌판의 계명들을 지키는 것이 이 특별한 계명을 지키는 것에 크게 좌우된다는 의미를 내포한다.

하나님이 이 특별한 계명을 다른 아홉 가지 계명보다 더 각별하게 취급하신다는 것을 알면 많은 교훈을 얻을 수 있다. 하나님은 우리가 안식일을 함부로 하지 않기를 바라신다. 안식일을 경홀히 여기는 죄는 변명의 여지가 없다.

이 네 번째 계명을 다른 어떤 계명보다 더욱 굳게 강화해야 할 이유는 앞서 지적한 것 외에도 많다. 하나님은 이 계명을 준수하게 하기 위해 세 가지 설득력 있는 이유를 제시하셨다.

첫 번째 이유는 하나님 자신이 보여주신 본보기와 관련된다. 하나님이 우리에게 기준으로 제시하신 것은 모두 본받아 따라야 한다. 그것이 우리의 의무요 영광이다. 두 번째 이유는 하나님이 우리에게 세상의 일을 할 시간을 충분히 베풀어주신 것에 있다. 그 시간이 칠일 가운데 엿새나 된다. 따라서 일곱째 날을 하나님께 바치는 것은 적절하고 공정한 일이다. 세 번째 이유는 "하나님이 일곱째 날을 복되게 하여 거룩하게 하셨기" 때문이다. 일곱째 날은 하나님을 예배하고 섬기는 일에 구별해서 드려야 한다.

하나님이 네 번째 안식일 계명을 강화하기 위해 제시하신 이유 가운데에는 안식일이 영구적인 구속력을 지닌다는 사실이 강력하게 암시되어 있다. 그런 이유 가운데서 안식일이 하나의 의식적인 제도라거나 그리스도께서 육신을 입고 강림하실 것을 가리키는 예표이기 때문에 그분의 강림 후에는 더 이상 효력이 없다고 주장할 수 있는 근거가 전혀 발견되지 않는다.

안식일은 과거의 유대인들만큼이나 우리에게도 똑같이 강력한 구속력을 지니는 의무다. 우리도 그들처럼 창조주께서 태초에 피조물들에게 보여주신 본을 따라야 할 의무가 있다. 우리는 일곱째 날을 하나님을 예배하는 일에 바침으로써 그분을 우리의 시간을 관장하시는 주인으로 인정해야 한다. 구약 시대의 이스라엘 백성이 그랬던 것처럼, 우리도 안식일 준수를 통해 주어지는 축복이 필요하다.

안식일 준수가 히브리인들에게만 구속력을 지닌다는 주장이 종종 제기된다. 그러나 이것은 심각한 오해가 아닐 수 없다. 네 번째 안식일 계명은 영원한 효력을 발휘할 뿐 아니라 보편적인 구속력을 지닌다. 전자에 대한 지금까지의 논의가 후자에게 똑같이 적용된다. 네 번째 안식일 계명은 하나님께 돌려야 할 영광을 돌리라고 요구한다. 피조물은 모두 그분께 합당한 것을 바쳐야 한다. 이 계명은 "거룩하고 의로울" 뿐 아니라(롬 7:12), 사도가 말한 대로 유대인들과 이방인들 모두에게 똑같이 '선하다.'

다섯 번째 계명이 유대인들만을 위한 것이라고 생각할 만한 이유가 있을 수 있다. 왜냐하면 그것에 주어진 약속에 '네게 준 땅에서'라는 문구가 덧붙여져 있기 때문이다. 이것에 근거해 다섯 번째 계명이 유대인들에게 주어진 것이라는 추측이 가능하다. 물론 이런 추측 역시 에베소서 6장 1-2절을 고려하면 즉각 근거 없는 것으로 드러난다. 사도는 에베소서에서 "이것은 약속이 있는 첫 계명이니"(엡 6:2)라고 말했다(그는 과거시제를 사용해 약속이 '있었던'이라고 말하지 않았다. 그는 현재시제로 말하고 있다).

페트릭 페어번은 이렇게 말했다.

"네 번째 안식일 계명에 따르면, 안식일 준수의 의무를 뒷받침하는 근거는 우리가 생각할 수 있는 가장 보편적인 의미를 지닌다. '안식일을 기억하여 거룩하게 지키라. … 이는 엿새 동안에 나 여호와가 하늘과 땅을 … 만들고' 여기에는 특별히 유대적인 것이나 개인적인 관심사나 심지어 민족적인 역사와 관련된 것이 아무것도 드러나 있지 않다. 이 계명의 근거가 되는 사실은 온 세상에 똑같은 의미로 적용된다. 이 계명이 동일하게 적용되지 않아야 할 이유는 없다. 마치 하나님이 이 제도를 없애려는 시도가 있을 것을 미리 내다보고 이 율법을 정하실 때 특별한 예방책을 마련하신 것처럼 보인다. 하나님이 처음에 자연의 체제와 구조 안에 그 근거를 마련하신 것은 바로 그런 이유 때문인 듯하다."

영적인 생각을 지닌 사람이라면, 이것이 마지막에 있을 일을 처음부터 모두 알고 계시는 하나님이 하신 일이라는 것을 조금도 의심할 수 없을 것이다.

사람들의 변명은 아무짝에도 쓸모가 없다. 그들의 주장은 근거가 없다. 참으로 놀랍게도 하나님은 그들의 행태를 처음부터 미리 아시고, 단호하게 논박하셨다. 이것이 네 번째 계명이 이방인들에게까지 구속력을 지니는 이유다. 이 계명에 복종하는 것은 유대인에게만 국한되지 않는다. 이것은 '네 문 안에 거하는 객'에도 적용된다. 경건한 느헤미야는 유대인은 물론 이방인에게까지 이 계명을 준수하라고 요구했다.

> "또 두로 사람이 예루살렘에 살며 물고기와 각양 물건을 가져다가 안식일에 예루살렘에서도 유다 자손에게 팔기로 내가 유다의 모든 귀인들을 꾸짖어 … 안식일 전 예루살렘 성문이 어두워 갈 때에 내가 성문을 닫고 안식일이 지나기 전에는 열지 말라 하고"
> (느 13:16-19).

유대인들에게 특별히 요구된 것은 안식일의 의무가 아닌 안식일의 준수였다. 유대인들이 이 계명을 보유하고 있었던 이유는 온 인류를 유익하게 하기 위해서였다. 십계명에 포함된 네 번째 안식일 계명은 본래의 안식일 제도와 무관했다. 이 계명은 안식일 제도를 새롭게 회복하고 강화하는 의미를 지녔다.

지금까지 말한 대로, '안식의 날'을 '예배의 날'로 제정해 거룩하게 한 것은 에덴동산에서 인간을 처음 창조할 때에 시작되었다. 하나님의 백성이 인류 역사 초기에 안식일을 지켰다는 것을 보여주는 명백한 증거들이 곳곳에서 발견된다. 그러나 야곱의 가족들이 애굽에 정착한 이후부터 그들은 이교도의 관습에 신속하게 물들어 하나님이 제정하신 예배의 날(창 26:5)을 등한시했다. 에스겔 20장 4-8절은 하나님이 애굽인들을 통해 이스라엘 백성을 혹독하게 징계하신 이유는 그들의 우상 숭배 때문이었다고 설명한다.

"그들은 전에 음란하게 섬기던 숫염소에게 다시 제사하지 말 것이니라"(레 17:7). 이 말씀은 이스라엘 백성이 바로의 땅에 머물 때 저질렀던 사악한 행위를 가리킨다. 여호수아 24장 14절은 "너희의 조상들이 강 저쪽과 애굽에서 섬기던 신들을 치워 버리고 여호와만 섬기라"라고 말씀하고(2-3절 참조), 에스겔 23장 3절은 "그들이 애굽에서 행음하되"라고 선언했다.

하나님이 그런 강퍅한 백성을 애굽의 속박에서 구원해 언약을 맺으신 것은 순전한 은혜가 아닐 수 없다. 그러나 은혜는 항상 의를 통해 통치하며, 거룩함에 대한 요구를 철회하지 않는다. 하나님은 가장 경이로운 방식으로 시내산에서 자신의 율법을 새롭게 하고, 그것을 직접 손가락으로 돌판에 새겨주심으로써 그 지속적인 속성을 밝히 드러내셨을 뿐 아니라 안식일의 규례를 그 중심에 올려놓으셨다.

하나님은 엿새 동안은 우리의 합법적인 소명을 자유롭게 추구하게 하신다. 따라서 일곱째 날을 그분에게 바치는 것을 조금도 번거롭게 생각해서는 안 된다.

"안식일을 기억하여 거룩하게 지키라."

'기억하라.' 안식일이 태초에 정해진 제도라는 것을 기억하고, 마음으로 소중히 여기며, 그 정당한 요구에 복종하라. '안식일'은 거룩한 안식의 날, 곧 세상의 수고로부터 자유를 누리는 은혜로운 날이요 죄의 속박으로부터 구원받을 기회가 주어지는 날이다. 이날은 하나님의 율례를 따르는 사람들을 기다리고 있는 영원한 안식을 예표한다.

'거룩하게 지키라.' 안식일을 속된 용도로 사용하지 말고, 하나님을 섬기는 일에 온전히 바쳐라. 하나님이 자기를 위해 따로 구별하신 시간을 조금이라도 훔쳐 악한 일이나 세속적인 활동에 사용하는 것은 거룩한 것을 도둑질하는 신성모독 죄에 해당한다. 안식일을 지키는 방법과 안식일에 허용되는 일과 허용되지 않는 일에 대해서는 나중에 자세하게 살펴볼 생각이다.

"하나님은 자신의 경고를 정확하게 행동에 옮기셨다. 안식일을 더럽힌 결과로, 국가적인 재앙이 임했다. 성전과 예루살렘은 파괴되었고, 백성들은 포로가 되어 바벨론으로 끌려갔다. 그로부터 70년 뒤에 하나님은 은혜를 베풀어 이스라엘 백성을 포로 생활에서 벗어나게 하셨고, 그 결과 그들의 많은 후손들이 예루살렘으로 돌아왔다. 그렇다면 그들은 마침내 교훈을 깨달았을까?"

4장

안식일 규례의 오염과 하나님의 심판

안식일의 중요성과 가치는 그것이 처음 제정되었을 때부터 정해진 다양한 목표들에 의해 분명하게 드러난다. 안식일은 족장 시대에는 하나님의 존재, 그분의 창조적인 능력, 피조물에 대한 그분의 주권, 그분에 대한 피조물의 책임 등 참된 종교의 근간에 놓인 진리들을 강력하게 증언하는 실질적인 증거였다. 모세 시대에 접어들어서도 안식일은 그런 진리들을 계속해서 증언했을 뿐 아니라 거룩한 날의 보존과 회복 및 하나님이 자기 백성들에게 예배를 받으셔야 할 권리와 관련해 그분의 섭리적이고 도적적인 통치를 더욱 확실하게 부각시키는 역할을 했다. 안식일은 이스라엘 백성의 현세적이고 영적인 행복에 관심을 기울이신 하나님의 은혜로우신 성품을 잘 보여준다. 그들은 안식일을 거룩하게 보냄으로써 자기 자신과 민족을 위한 축복을 구하는 법을 배울 수 있었다. 안식일은 미래에 더 풍성한 축복이 주어지고, 더 순수한 예배가 이루어질 것을 암시했다.

기독교 시대에도 안식일은 그런 근본적인 진리들을 변함없이 증언함과 동시에 구원의 사랑과 더 나은 언약의 확립을 기념하고, 우리의 죄를 위해 죽었다가 우리의 의를 위해 다시 살아나신 주님을 기억하도록 도와준다.

종종 지적하는 대로, 안식일은 자연적인 방어책만으로는 인간적인 오염으로부터 안전하게 보호될 수 없다. 겨울철에는 많은 일을 하기가 어렵다. 고용주들은 대개 고용인들의 일감을 줄인다. 밤중에는 일하기가 더욱더 어렵다. 밤중에는 필요한 휴식과 수면을 취해야 한다. 빛이 없으면 밭을 갈 수 없고, 농작물을 수확할 수 없으며, 집도 지을 수 없다. 이처럼 어둠은 고된 일을 하는 사람들에게 휴식을 준다.

그러나 안식일은 그런 방어책이 없다. 안식일이 찾아왔다고 알리는 우주적인 전령은 어디에도 존재하지 않는다. 안식일에도 다른 날과 똑같이 모든 자연이 제각기 제 기능을 한다. 날씨가 험악하면 야외 활동을 하고픈 유혹을 느끼지 않을지 모르지만 날씨가 구름 한 점 없이 맑으면 사방으로 터져 있는 넓은 공간으로 나가고 싶은 유혹을 느끼게 된다. 안식일은 울타리가 없는 포도밭과 같아서 숲에서 나온 수퇘지나 들짐승들이 마구 짓밟아 망쳐놓기 쉽다.

안식일은 그 자체로 신앙의 대의를 지키는 보호막이자 경건하지 못한 것이 홍수처럼 밀려드는 것을 억제하기 위한 하나님의 방어책이지만 자연 세계가 제공하는 방어책 중에는 그것을 오염되지 않게 지켜줄 것이 아무것도 없다.

이런 점에서 안식일은 창조주에 대한 피조물의 태도를 평가할 수 있는 좋은 기준이 된다. 지금 우리가 다루고 있는 이 규례보다 사람들의 종교적, 도덕적 상태를 더 확실하게 시험해 볼 수 있는 하나님의 규례는 찾아보기 어렵다. 사람들이 안식일을 어떻게 받아들이는지 살펴보면, 그들이 하나님을 사랑하는지 미워하는지, 주권자이신 그분께 충성하는지 그분을 적대시하는지를 알 수 있다. 국가나 교회나 개인의 영성과 도덕성이 증대되면 안식일을 존중하고 거룩하게 활용하려는 생각도 덩달아 강해지고, 하나님을 사랑하는 마음이나 그분의 진리를 믿는 믿음이 약해지면 안식일을 멸시하고 더럽히는 일도 덩달아 늘어난다. 인류의 역사가 이런 사실을 입증하는 강력한 증거다.

앞서 말한 대로, 계절은 노동에 자연적인 장애를 초래하여 노동자들이 보호받는 결과를 가져온다. 그러나 그런 방어책도 인간의 탐욕과 무자비한 노역을 요구하는 상행위의 압력으로 인해 아무런 효력을 발휘하지 못하게 될 수 있다. 이미 문명화된 나라들에서는 겨울철에 노동을 쉬며 장기적인 휴식을 취하기가 어렵다. 지금은 노동이 다양한 형태를 띠게 되었다. 밤(연약한 심신에 매우 중요한 휴식 시간)도 방해를 받거나 단축되어 그것이 지닌 은혜로운 목적을 수행하기가 어렵게 되었다. 하루의 해가 저물면 인공적인 불빛이 동원되고, 근로자들은 '야근'을 해야 할 때가 많다. 과연 가외로 받는 품삯이 훼손되는 건강이나 더욱 심하게는 영혼이 타락하는 것을 보상해 줄 수 있을까? 근로자들을 수송하고 '야간 교대'를 하면서 발생하는 소음으로 인해 고된 일과를 마친 다른 사람들의 수면을 방해할 때가 얼마나 많은가? 그런 피해는 이루 다 헤아리기가 불가능하다. 신경쇠약과 정신질환을 앓는 사람들을 보살피는 기관들이 갈수록 늘어나는 것은 조금도 놀라운 일이 아니다.

자연적인 계절의 보호 기능이 황금을 좇는 사람들에 의해 무참하게 짓밟히고 파괴된다면 아무런 보호책이 없는 안식일은 특별하고도 긴박한 위험에 노출될 가능성이 훨씬 더 클 것이다. 그러나 그런 위험에 노출되어 있다는 사실 때문에 우리의 마음 상태를 시험하는 안식일의 기능이 더욱 실질적인 효력을 발휘하게 된다. 개인 소유의 정원은 울타리를 둘러 사람들의 부주의한 행동이나 파괴적인 행동으로부터 그것을 보호하는 것이 보통이다. 그러나 대중에게 공개된 공원은 그곳을 사용하거나 남용하는 사람들의 교양과 양심을 판단하는 기준이 된다. 그들이 버리고 간 쓰레기들이 모든 것을 말해준다.

거룩한 안식일도 마찬가지다. 경건한 사람들은 안식일을 "즐거운 날이라", 여호와의 성일을 "존귀한 날이라" 일컬으며 "이를 존귀하게 여기고 네 길로 행하지 아니하며 네 오락을 구하지 아니하며 사사로운 말을 하지 않음으로써" 하나님을 존중하지만(사 58:13 참조), 경건하지 않은 자들은 "안식일이 언제 지나서 우리가 밀을 내게 할꼬"(암 8:5)라고 말한다.

타락한 인간의 부패성은 다른 어떤 것보다 안식일을 더럽히는 행위를 통해 더욱 노골적으로 분명하게 드러난다. 타락한 인간은 역사의 초창기부터 거룩한 안식일을 훼손함으로써 창조주요 통치자이신 하나님을 거역했다. 앞서 말한 대로, 안식일을 무시하고 더럽힌 것이 하나님이 홍수 이전에 크게 탄식하셨던 이유 가운데 하나였다.

　하나님이 출애굽기 16장 28절에서 사용하신 표현을 보면, 야곱의 자손들도 애굽에 정착한 후로 그런 죄를 저질렀던 것을 분명하게 알 수 있다. 유대인들은 오랫동안 하나님의 율법을 멸시하고, 그분의 안식일을 존중하지 않았다. 그것이 하나님이 그들에게 진노를 불같이 쏟아내 혹독한 심판을 베푸셨던 이유였다(겔 20:8). 앞으로 살펴보겠지만 그 후로도 이스라엘 민족은 크게 나아지지 않았다.

　하나님은 그런 백성들에게 놀라운 은혜를 베푸셨고, 강력한 능력으로 그들을 모든 속박으로부터 구원하셨다. 그 점을 생각하면, 그들의 마음이 크게 감동되어 이후의 행위를 바르게 했을 것이라고 생각하기 쉽다. 더욱이 하나님은 시내산에서 자신의 권능을 장엄하게 드러내셨고, 그들과 언약을 맺으시기까지 했기 때문에 그들의 행위가 획기적으로 변하는 결과가 나타났어야 마땅했다. 그러나 참으로 불행히도 그들이 거듭나기 전까지는 하나님의 선하심이든 엄하심이든 실질적이고 지속적인 영향을 미치지 못하기는 마찬가지였다. 하나님이 그 어떤 놀라운 섭리를 베푸셨든, 얼마나 엄숙하게 자신의 주권과 거룩하심을 나타내셨든, 또 그들이 어떤 은혜를 받아 누렸든 상관없이 그들은 영혼이 새로워지기 전까지 조금의 변화도 없이 그저 무감각하기만 했다. 그들은 광야 생활을 통해 그런 사실을 입증하는 확실하고도 끔찍한 증거를 수없이 보여주었다.

이스라엘 백성의 광야 생활상을 정확하게 이해하려면, 모세 오경이 제공하는 역사적인 기록을 부지런히 살펴야 할 뿐 아니라 선지자들이 제공한 부가적인 정보도 함께 참조해야 한다. 선지자들의 소급적인 진술은 여러 면에서 모세 오경의 기록을 보완한다. 이 경우도 다른 모든 경우처럼 성경을 성경과 비교하는 것이 필요하다. 예를 들어, 에스겔은 우리가 고려 중인 문제를 좀 더 분명하게 이해할 수 있도록 도와준다. 하나님은 과거를 돌아보면서 에스겔을 통해 이렇게 말씀하셨다.

"내가 그들이 거주하는 이방인의 눈앞에서 그들에게 나타나 그들을 애굽 땅에서 인도하여 내었나니 이는 내 이름을 위함이라 내 이름을 그 이방인의 눈앞에서 더럽히지 아니하려고 행하였음이라 그러므로 내가 그들을 애굽 땅에서 나와서 광야에 이르게 하고 사람이 준행하면 그로 말미암아 삶을 얻을 내 율례를 주며 내 규례를 알게 하였고 또 내가 그들을 거룩하게 하는 여호와인 줄 알게 하려고 내 안식일을 주어 그들과 나 사이에 표징을 삼았노라"(겔 20:9-12).

이스라엘 백성은 하나님이 베푸신 은혜에 어떻게 반응했을까? 참으로 슬프게도 그에 대한 대답은 이렇다.

"그러나 이스라엘 족속이 광야에서 내게 반역하여 사람이 준행하면 그로 말미암아 삶을 얻을 나의 율례를 준행하지 아니하며 나의 규례를 멸시하였고 나의 안식일을 크게 더럽혔으므로 내가 이르기를 내가 내 분노를 광야에서 그들에게 쏟아 멸하리라 하였으나 내가 내 이름을 위하여 달리 행하였었나니 내가 그들을 인도하여 내는 것을 본 나라들 앞에서 내 이름을 더럽히지 아니하려 하였음이로라 또 내가 내 손을 들어 광야에서 그들에게 맹세하기를 내가 그들에게 허락한 땅 곧 젖과 꿀이 흐르는 땅이요 모든 땅 중의 아름다운 곳으로 그들을 인도하여 들이지 아니하리라 한 것은 그들이 마음으로 우상을 따라 나의 규례를 업신여기며 나의 율례를 행하지 아니하며 나의 안식일을 더럽혔음이라"(겔 20:13-16).

이스라엘 출애굽 세대의 슬픈 현실을 적나라하게 묘사하고 있다. 고치기 어려운 인간의 사악한 본성을 상기시키는 말씀이 아닐 수 없다. 이스라엘 백성은 하나님의 선하심에 아무런 영향도 받지 않고, 그분의 율례를 업신여기며, 그분의 안식일을 더럽혔다. 그렇다면 그들은 그런 불순종으로 인해 어떤 징벌을 받았을까? 그들은 약속의 땅에 들어가지 못하고, 심판을 받아 광야에서 죽었다. 독자들이여, 하나님을 비난하고 조롱하면 안 된다. 이스라엘에 대한 심판은 우리를 위한 경고다.

그러면 그런 두려운 심판이 그들의 자손들에게는 어떤 영향을 미쳤을까? 그들은 그 경고를 통해 유익을 얻었을까? 그들은 하나님의 진노를 초래한 조상들의 악한 길에서 돌이켰을까? 그들의 눈앞에서 엄한 심판이 이루어졌기 때문에 그들은 그 경고를 옳게 받아들일 기회가 있었다. 실제로 그렇게 할 수 있는 기회가 그들에게 주어졌다.

"그러나 내가 그들을 아껴서 광야에서 멸하여 아주 없이 하지 아니하였었노라 내가 광야에서 그들의 자손에게 이르기를 너희 조상들의 율례를 따르지 말며 그 규례를 지키지 말며 그 우상들로 말미암아 스스로 더럽히지 말라 나는 여호와 너의 하나님이라 너희는 나의 율례를 따르며 나의 규례를 지켜 행하고 또 나의 안식일을 거룩하게 할지어다 이것이 나와 너희 사이에 표징이 되어 내가 여호와 너희 하나님인 줄을 너희가 알게 하리라 하였노라"
(겔 20:17-20).

그러나 안타깝게도 나중의 세대도 이전 세대에 비해 조금도 낫지 않았다. 그들도 하나님의 권고를 흔쾌히 받아들이지 않았고, 심판의 두려움을 의식하지 않았다.

"그러나 그들의 자손이 내게 반역하여 사람이 지켜 행하면 그로 말미암아 삶을 얻을 나의 율례를 따르지 아니하며 나의 규례를 지켜 행하지 아니하였고 나의 안식일을 더럽힌지라 이에 내가 이르기를 내가 광야에서 그들에게 내 분노를 쏟으며 그들에게 내 진노를 이루리라 하였으나 내가 내 이름을 위하여 내 손을 막아 달리 행하였나니 내가 그들을 인도하여 내는 것을 본 여러 나라 앞에서 내 이름을 더럽히지 아니하려 하였음이로라 또 내가 내 손을 들어 광야에서 그들에게 맹세하기를 내가 그들을 이방인 중에 흩으며 여러 민족 가운데에 헤치리라 하였나니 이는 그들이 나의 규례를 행하지 아니하며 나의 율례를 멸시하며 내 안식일을 더럽히고 눈으로 그들의 조상들의 우상들을 사모함이며"(겔 20:21-24).

하나님은 이스라엘 백성이 자기를 거역하고, 자신의 율례를 지켜 행하지 않았다고 질책하시며 안식일을 더럽힌 죄를 특별히 언급하셨다. 그것은 하나님이 절대로 용납하실 수 없는 죄였다. 그런 중죄를 저지른 자들에 대한 하나님의 심판은 참으로 두렵기 그지없다.

이스라엘 백성이 가나안에 들어가서 정착한 후에도 상황은 조금도 나아지지 않았다. 하나님은 에스겔 당시의 이스라엘 백성을 향해 "너는 나의 성물들을 업신여겼으며 나의 안식일을 더럽혔으며"(겔 22:8)라고 말씀하셨다.

여기에서 두 가지 죄를 언급한 순서가 의미심장하다. 우리가 안식일을 더럽히는 이유는 하나님의 것을 멸시하기 때문이다. 26절은 그보다 더 심각한 상황을 언급하고 있다. "그 제사장들은 내 율법을 범하였으며 나의 성물을 더럽혔으며 … 그의 눈을 가리어 나의 안식일을 보지 아니하였으므로." 일반 대중은 물론, 하나님의 사역자들까지 똑같이 죄를 지었다. 그들은 안식일의 의무를 외면하고, 안식일을 더럽히는 일에 동참하는 것을 묵인했다. 종교 지도자들은 안식일을 지키는 사람들을 존중하기는커녕 그날에 속된 일을 하는 사람들을 못 본 척 눈감아 주었다.

하나님은 예레미야를 통해서 이렇게 말씀하셨다.

"이 문으로 들어오는 유다 왕들과 유다 모든 백성과 예루살렘 모든 주민인 너희는 여호와의 말씀을 들을지어다 여호와께서 이와 같이 말씀하시되 너희는 스스로 삼가서 안식일에 짐을 지고 예루살렘 문으로 들어오지 말며 안식일에 너희 집에서 짐을 내지 말며 어떤 일이라도 하지 말고 내가 너희 조상들에게 명령함같이 안식일을 거룩히 할지어다"(렘 17:20-22).

이 말씀은 국가의 수장인 '유다의 왕들', 곧 가장 무거운 책임을 짊어지고 있는 국가의 권력자들에게 먼저 주어졌고, 그다음에 모든 일반 백성에게 주어졌다. 이스라엘 민족은 하나님의 말씀에 어떻게 반응했을까? 23절은 "그들은 순종하지 아니하며 귀를 기울이지 아니하며 그 목을 곧게 하여 듣지 아니하며 교훈을 받지 아니하였느니라"라고 말씀한다.

인간이란 대체 무엇일까? 인간은 상황이나 시대와 상관없이 항상 똑같다. 인간은 고집스러운 태도로 강력하게 반발하며 창조주에게 복종하기를 거부하고, 하나님의 긍휼을 업신여기며, 그분의 일에 무관심하고, 모든 책망과 권고를 무시한다.

하나님은 제멋대로 구는 이스라엘 백성을 오래 참으며 충실하게 훈계하셨다. 그분은 그들에게 다른 삶의 방식을 제시하셨다.

"여호와의 말씀이니라 너희가 만일 삼가 나를 순종하여 안식일에 짐을 지고 이 성문으로 들어오지 아니하며 안식일을 거룩히 하여 어떤 일이라도 하지 아니하면 다윗의 왕위에 앉아 있는 왕들과 고관들이 병거와 말을 타고 이 성문으로 들어오되 그들과 유다 모든 백성과 예루살렘 주민들이 함께 그리할 것이요 이 성은 영원히 있을 것이며 사람들이 유다 성읍들과 예루살렘에 둘린 곳들과 베냐민 땅과 평지와 산지와 네겝으로부터 와서 번제와 희생과 소제와 유향과 감사제물을 여호와의 성전에 가져오려니와"(렘 17:24-26).

하나님은 이스라엘 백성이 그들의 왕인 자신에게 사랑과 충성을 바치게 하려고 간곡히 호소하셨다. 하나님은 애굽의 공사 감독관과 같지 않으시다. 그분의 멍에는 쉽고, 그분의 짐은 가볍다. 하나님은 자기를 섬기는 자들에게 관대하게 보상하신다. 이것은 개인이나 사회에 똑같이 적용된다. 국가의 번영이 안식일을 충실하게 지키는 것에 달려 있다는 사실을 분명하게 보여 주는 또 다른 성경 말씀이 있다.

이스라엘 백성이 풍성한 보상의 약속에도 복종할 마음을 갖지 않는다면, 끔찍한 심판의 위협을 통해 그들의 불순종을 저지하는 방법밖에 없을 것이다. 따라서 하나님은 이렇게 말씀하셨다.

"그러나 만일 너희가 나를 순종하지 아니하고 안식일을 거룩되게 아니하여 안식일에 짐을 지고 예루살렘 문으로 들어오면 내가 성문에 불을 놓아 예루살렘 궁전을 삼키게 하리니 그 불이 꺼지지 아니하리라"(27절).

불행히도 이스라엘 백성은 약속이든 경고든 모두 다 무시했다. "바벨론 왕의 신복 시위대장 느부사라단이 예루살렘에 이르러 여호와의 성전과 왕궁을 불사르고 예루살렘의 모든 집을 귀인의 집까지 불살랐으며"(왕하 25:8-9)라는 말씀대로, 하나님은 자신의 경고를 정확하게 행동에 옮기셨다. 안식일을 더럽힌 결과로 국가적인 재앙이 임했다. 성전과 예루살렘이 파괴되었고, 백성들은 포로가 되어 바벨론으로 끌려갔다. 그로부터 70년 뒤에 하나님은 은혜를 베풀어 이스라엘 백성을 포로 생활에서 벗어나게 하셨고, 그 결과 그들의 많은 후손들이 예루살렘으로 돌아왔다. 그렇다면 그들은 마침내 교훈을 깨달았을까? 그들은 하나님의 징계를 받고 행위를 고쳤을까?

그렇지 않았다. 그들은 구제 불능이었다. 그들이 거룩한 땅으로 돌아오자마자 느헤미야는 이렇게 한탄해야 했다.

"그때에 내가 본즉 유다에서 어떤 사람이 안식일에 술틀을 밟고 곡식단을 나귀에 실어 운반하며 포도주와 포도와 무화과와 여러 가지 짐을 지고 안식일에 예루살렘에 들어와서 음식물을 팔기로 그날에 내가 경계하였고 … 너희 조상들이 이같이 행하지 아니하였느냐 그래서 우리 하나님이 이 모든 재앙을 우리와 이 성읍에 내리신 것이 아니냐 그럼에도 불구하고 너희가 안식일을 범하여 진노가 이스라엘에게 더욱 심하게 임하도록 하는도다"(느 13:15, 18).

이스라엘의 오랜 역사를 통해 이런 상황이 거듭 반복되었다. 기독교의 행위와 태도도 더 나은 점이 없기는 마찬가지다. 사실 요즘 세대는 과거 세대보다 훨씬 더 심각하다. 영국에서도 안식일을 더럽히는 일이 신대륙만큼이나 흔하다. 이곳에는 단지 미약한 항변의 목소리만이 존재할 뿐이다. 안타깝게도 국가의 지도자들이 안식일에 여행을 서슴지 않음으로써 그릇된 본을 보일 때가 많다. 일요 신문이 이 나라를 홍수처럼 뒤덮고, 저속한 것들이 공중파를 타고 전파되며, 스포츠와 오락을 위한 공적 장소들이 갈수록 늘어나고, 수많은 사람들이 거룩한 날을 쾌락과 자유분방함을 즐기는 날로 변질시키고 있다. 만일 회개하고 행위를 고치지 않으면 진노의 날에 임할 진노를 쌓게 될 것이 불을 보듯 뻔하다.

"매주 한 번씩 세상의 일을 중단하고 안식일을 지킨다면 가장 바쁘게 일하는 사람들에게 육체의 피로를 풀고, 영혼을 새롭게 하는 자유를 누릴 시간을 줄 수 있다. 이것이야말로 가난한 자들에게 베풀 수 있는 가장 큰 선물 가운데 하나가 아니겠는가? 하나님도 이스라엘 백성에게 그런 날을 알고, 지킬 수 있는 특권을 허락하신 것을 그들에게 베푸는 특별한 사랑의 행위 가운데 하나로 인정하셨다. 오늘날처럼 고되고, 탐욕스러운 물질주의 시대를 살아가는 근로자들이 한 주간의 수고를 달랠 수 있는 휴식의 날을 덜 필요로 할까? 과연 복음이 율법보다 인간의 현세적인 행복에 덜 관심을 기울이는 것이 사실일까?"

5장

안식일 규례는
오늘날에도 지속되는가?

이런 사실이 오늘날 우리와 무슨 관계가 있는지 잠시 살펴보자. 이것은 이 책의 가장 중요한 주제다. 따라서 이 점과 관련해 많은 혼란과 오류가 발생하지 않도록 천천히 생각하며 상세히 살펴봐야 할 필요가 있다.

이 문제를 다루는 데는 명료하고 유익한 페트릭 페어번(P. Fairbairn)의 글을 참조하는 것이 가장 유익할 듯하다. 그의 말을 길게 인용하고 싶지만 지면이 허락하지 않는 관계로 그의 통찰력 있는 설명을 간단하게 요약하면서 나의 말과 결론을 덧붙여 섞어서 말하는 방식을 선택하는 것으로 만족하고 싶다.

첫째, 기독교의 안식일은 구약성경을 통해 분명하게 예고되었다. 선지자들은 기독교 시대에도 거룩한 안식일이 계속될 것을 암시했다. 구약성경과 신약성경은 연관성을 지닌다. 이것은 방대한 탐구 주제이지만 간결함과 명료성을 기하기 위해 구약성경의 두 가지 예언의 말씀에만 관심을 국한시킬 생각이다. 하나는 기본적인 일반 원리를 설명하는 것이고, 다른 하나는 좀 더 상세한 설명을 제공하는 것이다.

첫 번째 말씀은 월간지 『성경 연구』(Studies in the Scripture)에 실린 언약에 관한 논문들을 통해 이미 논의되었지만, 현재의 주제와도 관련이 있는데다 그 내용을 처음 접하는 독자들이 있을 것이기 때문에 다시 다루는 것이 좋을 듯하다.

고대의 복음적인 증언을 살펴보기 전에 먼저 구약 예언의 상당 부분이 구약 시대보다는 신약 시대와 더 관계가 있다는 사실을 이야기하고 싶다. 그런 예언은 유대인들이 자신들의 현재 상태만을 지나치게 집착하지 않게 하기 위한 것이었다. 그들은 항상 세속적이고 배타적인 관심만을 중시하는 경향이 있었다. 구약의 예언은 믿음의 눈을 돌려 장차 올 더 나은 것, 곧 "때가 찬 경륜"(엡 1:9)을 통해 드러나게 될 더 나은 것을 바라보게 했다. 우리가 생각하려는 예언들은 바로 그런 예언들이다. 그것은 '예수 그리스도에 관한 증언'으로 그분이 하실 사역과 그분이 세우실 왕국의 본질과 그분이 베푸실 축복의 성격을 미리 증언하는 역할을 했다.

안식일이 기독교 시대에도 여전히 유효하다는 우리의 주장을 뒷받침해 줄 첫 번째 예언의 말씀은 예레미야서 31장 31-34절이다.

"여호와의 말씀이니라 보라 날이 이르리니 내가 이스라엘 집과 유다 집에 새 언약을 맺으리라 이 언약은 내가 그들의 조상들의 손을 잡고 애굽 땅에서 인도하여 내던 날에 맺은 것과 같지 아니할 것은 내가 그들의 남편이 되었어도 그들이 내 언약을 깨뜨렸음이라 여호와의 말씀이니라 그러나 그날 후에 내가 이스라엘 집과 맺을 언약은 이러하니 곧 내가 나의 법을 그들의 속에 두며 그들의 마음에 기록하여 나는 그들의 하나님이 되고 그들은 내 백성이 될 것이라 여호와의 말씀이니라 그들이 다시는 각기 이웃과 형제를 가르쳐 이르기를 너는 여호와를 알라 하지 아니하리니 이는 작은 자로부터 큰 자까지 다 나를 알기 때문이라 내가 그들의 악행을 사하고 다시는 그 죄를 기억하지 아니하리라 여호와의 말씀이니라."

여기에 언급된 새 언약이 그리스도를 통해 이루어졌다는 사실이 히브리서 8장에 분명하게 언급되어 나타난다. 따라서 이것이 복음의 시대와 관련된 예언 가운데 하나라는 것에는 조금의 의심도 있을 수 없다.

시내산에서 이스라엘 민족과 맺은 언약과 뚜렷하게 구별되는 새 언약의 주된 특징은 전자는 돌판에 기록되었고, 후자는 신자들의 마음에 기록되었다는 것이다. 이스라엘 민족에게는 율법이 외적으로 주어졌고, 신약 시대의 신자들에게는 내적으로 주어진다. 그러나 그것은 모두 동일한 율법이다. 좀 더 정확하게 말하면, 그리스도께서 중시하신 도덕법은 남고, 의식법은 실재가 오면 그림자가 사라지는 것처럼 그분 안에서 폐지되었다. 의식법은 절대적인 의미에서는 더 이상 '하나님의 율법'으로 불릴 수 없다. 지금 여기에서처럼 율법과 언약을 동일시할 때는 의식법은 전혀 해당하지 않는다. 모세 오경에서 특별히 '율법'으로 일컬어지는 것, 곧 옛 언약을 형성하는 것은 단연코 십계명뿐이다.

예언의 영께서 예레미야를 통해 장차 복음의 시대에 하나님이 자기 백성의 마음에 기록할 것이라고 예고하신 율법은 바로 십계명이었다. 그들 안에서 은혜의 기적이 일어나 속사람으로 하나님의 법을 즐거워하며 섬기게 될 것이었다(롬 7:22, 25). 그렇게 되지 않을 수 없는 이유는 그들이 자기 아들의 형상을 본받도록 미리 정하셨기 때문이다(롬 8:29). 처음에는 그분의 형상을 조금씩 본받다가 나중에 그것을 온전히 이루게 될 것이다.

  머리이신 주님이 "나의 하나님이여 내가 주의 뜻 행하기를 즐기오니 주의 법이 나의 심중에 있나이다"(시 40:8)라고 말씀하셨다면, 그분의 신비로운 몸에 속한 지체들도 모두 자기의 분량대로 그와 똑같이 말할 것이 분명하다. 물론 여기에는 큰 차이가 있다. 왜냐하면 주님은 만물 가운데서 가장 뛰어나시기 때문이다. 그분은 처음부터 마음속에 하나님의 율법을 가지고 태어나셨지만("나실 바 거룩한 이"[눅 1:35]), 그분의 지체인 우리는 거듭날 때 비로소 율법이 마음속에 새겨진다.

  십계명이 전체적으로 신자들의 마음속에 새겨졌다면, 그것을 구성하는 각각의 계명이 모두 새겨진 셈이 된다. 따라서 네 번째 계명도 다른 계명들과 나란히 새겨졌을 것이 틀림없다. 네 번째 안식일 계명은 전에 이스라엘 민족에게 외적으로 주어졌고, 지금은 내적으로 주어져 신자들의 영혼 안에서 살아 있는 능력으로 역사하는 율법(즉 언약)의 본질적인 요소 가운데 하나로 포함되었다. 그리스도인의 경험이 이 사실을 증명하고 있지 않은가? 새 언약의 특권을 누리도록 허용된 신자는 누구나 하나님의 날을 즐거워하고 사랑한다. 복음의 정신에 더욱 깊이 심취하고, 마음에 거룩한 율법을 기록한 하나님의 은혜를 더 많이 경험할수록 안식일을 '즐거운 날, 존귀한 날'(사 58:13)로 일컬으며 더욱 열심히 지키게 된다.

영혼이 새롭게 된 신자는 행위를 규제하는 안식일의 의무를 성가시게 생각하고, 세상의 일과 쾌락을 통해 더 큰 자유를 누리기를 갈망하기보다 그날의 거룩한 의무를 달게 받아들이고, 매주 돌아오는 안식일을 영혼의 '봄날'이 찾아오는 것처럼 생각한다. 정상적인 그리스도인들은 아래의 시를 쓴 시인과 같은 심정을 느낀다.

은혜로운 안식의 날이여! 너를 기다리노라.
성도들이 온전한 축복을 누리는 상태를 상징하고,
보증하는 날이여!
너를 바라고, 너를 갈망하도다.
네가 다가올 날을 손꼽아 기다리누나.
거룩한 안식의 감미로운 날이여!

신약 시대에도 안식일이 유효하다는 것을 입증하는 두 번째 예언의 말씀은 이사야서 56장 3-7절이다.

"여호와께 연합한 이방인은 여호와께서 나를 그의 백성 중에서 반드시 갈라내시리라 하지 말며 고자도 말하기를 나는 마른 나무라 하지 말라 여호와께서 이와 같이 말씀하시기를 나의 안식일을 지키며 내가 기뻐하는 일을 선택하며 나의 언약을 굳게 잡는 고자들에게는 내가 내 집에서, 내 성 안에서 아들이나 딸보다 나은 기념물과 이름을 그들에게 주며 영원한 이름을 주어 끊어지지 아니하게 할 것이며 또 여호와와 연합하여 그를 섬기며 여호와의 이름을 사랑하며 그의 종이 되며 안식일을 지켜 더럽히지 아니하며 나의 언약을 굳게 지키는 이방인마다 내가 곧 그들을 나의 성산으로 인도하여 기도하는 내 집에서 그들을 기쁘게 할 것이며 그들의 번제와 희생을 나의 제단에서 기꺼이 받게 되리니 이는 내 집은 만민이 기도하는 집이라 일컬음이 될 것임이라."

누가 보더라도 위의 예언이 구약 시대를 가리키지 않고 복음의 시대와 관련이 있다는 것이 명백하게 드러난다. 첫째, 이 점은 예언의 전체적인 문맥으로 볼 때 분명하게 알 수 있다. 이 예언은 속죄를 위한 그리스도의 죽음을 예언한 이사야서 53장이 끝나고 나서 곧바로 이사야서 54장 1절부터 전개되기 시작한 예언의 내용 가운데 하나다. 둘째, 이 예언은 '하나님의 공의'와 '임박한 구원'(사 56:1)에 관한 계시와 직접적으로 연관되어 있다. 이것은 오직 복음의 시대에만 이해될 수 있는 계시다(롬 1:16, 17 참조). 셋째, 안식일을 지키는 것이 '이방인'(사 56:3), 곧 이스라엘 민족이 아닌 '여호와와 연합한' 이방인들의 경건함을 나타내는 뚜렷한 특징으로 언급되었다.

이밖에도 안식일의 의무와 축복이 모세 시대에 '이방인들'과 마찬가지로 하나님의 회중 가운데서 배제되었던 '고자들'에게 해당하는 것으로 진술되었다(4절). 이방인들을 불러들이는 것과 개인적이고 외적인 장애 요인이 모두 다 제거된 것이 신약 시대 교회의 뚜렷한 특징이다. 그와 더불어 안식일의 준수가 교회의 확실한 특징이 될 것이라는 예언이 주어졌다. 마지막으로, 안식일의 준수를 특별히 강조하는 말씀이 세 차례나 반복되었을 뿐 아니라 언약을 굳게 지키는 것, 의를 행하는 것, 주님의 이름을 사랑하는 것과 나란히 연관되어 나타난다. 이것은 안식일이 하나님의 나라에서 가장 중요하고 영속적인 위치를 차지하고 있다는 것을 분명하게 보여준다.

논의를 계속 진행하기 전에, 지금까지 말한 내용에 대해 일부 사람들이 제기할지도 모르는 반론을 미리 생각해 보는 것이 좋을 듯하다.

기독교 시대에 성취될 이런 예언들을 세대주의자들은 "그들의 번제와 희생을 나의 제단에서 기꺼이 받게 되리니"라는 7절 말씀을 근거로 내세워 이사야서 53장 3-7절을 복음 시대에 성취되는 예언으로 이해해서는 안 되고, 유대교가 회복되는 미래 시대의 상황을 묘사하는 예언으로 간주해야 한다고 주장할 가능성이 크다. 그들은 이 구절과 다른 구절들을 근거로 장차 레위기의 의식법이 부활할 것이라는 이상한 결론을 끌어낸다. 그러나 그런 주장은 신약성경의 지지를 조금도 받지 못한다. 오히려 히브리서의 전체 내용은 그것을 분명하게 논박한다. 히브리서는 아론의 반열을 따르는 제사장직이 폐지되고, 멜기세덱의 반열을 따르는, 더 탁월한 그리스도의 제사장직이 그것을 대체했다고 증언한다.

이사야서 56장 7절은 미래에 유대교가 회복될 것이라는 의미와는 거리가 멀다. 이 구절이 포함된 전체 문맥은 그런 터무니없는 견해를 단호히 배격한다. 그러나 편견에 치우친 사람들은 이런 사실을 전혀 이해하지 못한다. 유대교의 배타성을 가장 강하게 드러내는 특징이 있다면, 제사장직을 아론의 가문에만 엄격하게 국한시킨 것이다.

"너(아론)와 네 아들들은 제단과 휘장 안의 모든 일에 대하여 제사장의 직분을 지켜 섬기라 내가 제사장의 직분을 너희에게 선물로 주었은즉 거기 가까이하는 외인은 죽임을 당할지니라"(민 18:7, 3:10, 38 참조).

제단에 접근하는 '외인(이방인)'에게는 죽음의 경고가 주어졌다. 하나님은 이스라엘 왕 가운데 하나가 신성한 직임을 제멋대로 침해해 향단에 분향하자 한센병으로 그를 치실 만큼 이 제한적 율법을 엄격하게 적용하셨다(대하 26:16-20).

평범한 사역자들보다 지식이 훨씬 더 많은 '성경 학자들'이 유대교의 가장 기본적인 원리 가운데 하나도 알지 못하고, 성경의 예언을 그런 식으로 터무니없게 해석하는 것을 어떻게 이해해야 할까? 가능한 한 사랑으로 부드럽게 말하면, 그들은 영적인 일의 안전한 안내자가 못 된다. 그들은 호기심 많은 사람을 즐겁게 할 수 있을지언정 하나님께 더 가까이 나아가기를 원하는 사람들의 덕을 세우지는 못한다. 그런 유치하고 무분별한

'문자주의'는 하나님을 영화롭게 할 수 없다. 그것은 올바른 정신을 지닌 사람들 앞에서 그분의 거룩한 말씀을 욕되게 만든다. 영적 분별력이 있고 신약성경을 잘 아는 사람이라면 누구나 이사야서 56장 7절의 "번제"가 베드로전서 2장 5절의 "신령한 제사"를 옛 언약의 용어로 표현한 것임을 즉각 알아차릴 수 있을 것이다.

이사야서 56장은 복음 시대의 독특하고 특별한 축복을 아름답게 묘사하고 있다. 새 언약의 특권들이 옛 언약의 제도와 상징들로 묘사되었지만, 그 참된 의미를 오해할 여지가 없을 만큼 그 둘이 분명하게 대조되었다. 본래는 고자들과 이방인들이 이스라엘의 성막과 성전의 신성한 구역에 들어오는 것은 엄격히 금지되었지만, 하나님은 그들에게 "내 집에서 … 이름을 … 주실" 것이다. 이것은 "중간에 막힌 담을 헌다"는 표현을 구약의 방식으로 표현한 것이다.

"여호와와 연합하여 그를 섬기며 … 나와 언약을 굳게 지키는 이방인"이라는 6절 말씀은 제단에서의 섬김을 뜻하는 히브리어와 동일하다. 다시 말해 이것은 이방인 중에서 구원받은 사람들이 물질적이고 외적인 희생제물이 아닌 영적이고 내적인 희생제물(즉 새롭게 된 심령의 거룩한 활동)을 바치는 "왕 같은 제사장들"

(벧전 2:9)이 될 것이라는 의미다. "내가 … 그들에게 … 영원한 이름을 줄"(사 56:5) 것이라는 말씀은 여기에 유대교의 '천년 왕국'의 축복이 묘사되었다는 터무니없는 주장을 결정적으로 논박한다.

안식일이 우리 시대에도 계속 유지되어야 한다는 것은 당연한 추론이다. 왜냐하면 안식일의 은혜로운 본질과 특성이 기독교의 특징과 성격에 완벽하게 일치하기 때문이다. 안식일에는 불가피한 일이나 선을 행하는 일을 제외하고는 모든 노동이 불법적인 것으로 금지되었고, 오직 영혼의 안위와 생명을 돌보는 일만 허용되었다. 하나님이 안식의 날을 정하신 이유는 옛 언약 아래에서 피조물들을 유익하게 하기 위해서였다. 그런 은혜로운 규정은 새 언약의 성격과 취지에도 똑같이 적절하게 부합한다. 인간 사회와 관련된 기독교의 가장 큰 특징을 한 가지 꼽는다면, 가난하고 궁핍한 자들을 사랑으로 돌아보고 동정심과 친절을 가장 필요로 하는 사람들의 상황에 유익한 영향을 미친다는 것이다.

그리스도께서도 가장 큰 동정심의 대상들이 도움을 받고, 가난한 자들에게 복음이 전파되는 것을 자신의 지상 사역의 가장 중요한 특징으로 제시하셨다(마 11:4, 5). 그분은 물리적인 시련을 겪는 사람들에게까지 무한한 사랑과 연민을 느끼셨다. 그분의 그런 태도는 제자들을 종종 놀라게 했고, 그들의 무관심을 질책하는 결과를 낳았다.

안식일은 정기적으로 인생의 수고와 짐을 잠시 내려놓을 수 있게 할 뿐 아니라 억압을 당하며 힘든 일을 하는 사람들이 가족의 품 안에서 쉴 수 있는 시간을 제공하며, 사람들이 소홀히 하기 쉬운 일, 곧 영혼을 유익하게 하는 일에 관심을 기울일 수 있게 해준다.

그런 날이 인류의 대다수에게 크나큰 유익을 끼치는 것은 당연하지 않겠는가? 안식일이야말로 창조주께서 자신의 피조물에게 허락하신 가장 지혜롭고 은혜로운 선물이 아니겠는가? 하나님이 우리의 육체를 쉬게 하고, 영혼을 새롭게 할 수 있는 날을 허락하셨다는 것은 그분이 우리의 육체와 영혼에 지극한 관심을 기울이신다는 명백한 증거가 아닐 수 없다.

이것이 안식일의 참된 특성이다. 만일 기독교가 이 복된 제도의 토대를 파괴하는 일을 한다면, 스스로의 일반적인 성향과 목적에 어긋나는 일을 하는 셈이 될 것이다. 기독교가 가난한 자들과 억압받는 자들을 돌보려면 유대교보다 더 겸손한 자리로 내려가야 한다. 만일 강한 자들(독점 자본가들의 탐욕과 압제)에 대해 약한 자들(사회의 노동 계층)을 보호해 주는 가장 고귀한 보루 가운데 하나를 제거한다면 비난을 받아 마땅할 것이다. 만일 하나님의 은혜의 복음이 그런 바람직하지 못한 결과를 낳거나 그 의미를 크게 왜곡시킴으로써 본래의 특성을 저버리게 된다면 복음의 정신이 무엇인지를 알고 있는 사람은 아무도 그런 기독교를 믿으려고 하지 않을 것이다.

복음의 은혜로운 성격을 안식일의 은혜로운 성격과 관련지어 생각하면, 전자가 후자를 파괴하는 것이 아니라 오히려 굳게 확립하고 지지한다는 것을 분명하게 알 수 있다.

다음의 질문을 주의 깊게 생각해 보자. 일반적인 용도로 사용하지 않고, 하나님을 섬기고 예배하는 데 바칠 날이 일주일에 한 번씩 돌아온다는 것이 복음의 명백한 목적과 성향에 어긋나는가, 아니면 그것과 조화를 이루는가? 그것이 기독교가 확실하게 견지하는 목적에 이바지하는가, 그것을 방해하는가? 복음의 정신에 가장 깊이 심취해 있는 사람들이 그것을 좋아하는가, 싫어하는가? 어떤 이유로든 안식일을 무시한다면 그리스도를 위한 대의가 이루어질까, 상실될까? 이런 질문들은 매우 중요하고, 적절하지 않을 수 없다. 이것은 편견에 치우쳐 쉽게 무시하거나 웃어넘길 질문들이 못 된다.

아무런 근거도 없이 안식일의 제도가 복음의 정신과 일치하지 않는다고 주장하며 위의 질문들을 도외시하는 것은 공정하지도 않고, 적절하지도 않다. 어떤 점에서 안식일이 복음의 정신에 일치하지 않느냐고 묻고 싶다. 안식일이 복음의 교훈이 금지하는 성품을 부추기는가? 그것이 복음이 귀히 여기라고 가르치는 감정의 성장을 방해하는가? 만일 그렇다면 안식일을 옹호하는 것이 바람직하지 않다는 것을 입증하는 증거가 되기에 충분할 것이다. 그러나 과연 그런가? 매주 안식일을 지키는 것이 기독교의 목적과 정신에 어긋난다는 증거가 있는가? 만일 복음이 자유를 제공하는 데 비해 안식일은 자유를 속박한다고 대답한다면 그것은 자유와 방종, 필수적인 제어 장치와 노예적인 속박을 혼동하는 것이다.

복음의 근본적인 특성이 박애를 실천하는 데 있고, 동정심과 보살핌을 필요로 하는 사람들의 상황을 친절과 사랑으로 돌아보는 것에 있다는 것은 기독교 세계 안에서 보편적으로 인정되고 있는 사실이다.

매주 한 번씩 세상의 일을 중단하고 안식일을 지킨다면 가장 바쁘게 일하는 사람들에게 육체의 피로를 풀고, 영혼을 새롭게 하는 자유를 누릴 시간을 줄 수 있다. 이것이야말로 가난한 자들에게 베풀 수 있는 가장 큰 선물 가운데 하나가 아니겠는가? 하나님도 이스라엘 백성에게 그런 날을 알고 지킬 수 있는 특권을 허락하신 것을 그들에게 베푸는 특별한 사랑의 행위 가운데 하나로 인정하셨다. 오늘날처럼 고되고 탐욕스러운 물질주의 시대를 살아가는 근로자들이 한 주간의 수고를 달랠 수 있는 휴식의 날을 덜 필요로 할까? 과연 복음이 율법보다 인간의 현세적인 행복에 덜 관심을 기울이는 것이 사실일까?

복음은 그보다 훨씬 더 뛰어나고 고귀한 또 다른 특성, 곧 복음을 받아들이는 사람들이 신령하고 순수한 삶을 살도록 도와주는 거룩한 영적 특성을 지니고 있다.

이런 점에서 복음은 유대교와 동등할 뿐 아니라 그것을 훨씬 능가한다. 복음이 율법이 아닌 은혜의 계시라는 것은 복된 사실이다. 그러나 은혜는 신자들이 믿음과 경건을 힘써 추구할 때 풍성하게 나타난다. 복음이 가르치는 모든 교리, 곧 그것이 제공하는 모든 특권은 영생이라는 궁극적인 목적을 지향하는 것은 물론, 현세에서도 거룩함의 열매를 맺도록 의도되었다. 하나님의 아들의 순수한 형상을 본받고, 땅의 것이 아닌 위의 것을 사모하고, 자아를 만족하게 하는 것이 아니라 하나님을 영화롭게 하는 것이 복음이 목표로 하는 성품이다.

복음의 모든 진리와 의식은 그런 열매를 맺게 하기 위해 계획된 것이다. 그것이 없으면 복음의 위대한 목적은 실현될 수 없다. 따라서 탐욕스러운 자들, 쾌락을 사랑하는 자들, 세상의 것에 집착하는 자들도 도덕적으로 매우 불결한 자들과 마찬가지로 하나님의 나라에 합당하지 않다.

참된 기독교가 그것을 믿는 사람들의 신령하고 경건한 성품과 밀접한 관련을 맺고 있다면 "하나님을 예배하고 섬기는 일에 바쳐야 하는 안식일 제도가 그런 목표와 무슨 관계가 있는가? 안식일이 이 고귀한 목적을 이루는 데 유익할까, 아니면 그것을 가로막거나 지연시킬까?"라는 물음을 생각해 보지 않을 수 없다.

이것은 안식일 준수라는 원칙을 엄격하게 고수하지 않고 주중에 거룩하지 못한 행위를 해도 되느냐는 문제를 따지자는 것이 아니다. 하나님이 정하신 다른 제도와 마찬가지로 안식일에 관한 관심도 얼마든지 거짓으로 속일 수 있다. 지금 묻는 질문의 의도는 "안식일이 복음이 지향하는 정화의 목적을 이루는 데 도움이 되도록 계획된 것인가? 일주일에 하루를 일상적인 노동을 중단하고, 종교적인 활동을 위해 사용하는 것이 참된 경건을 추구하는 데 도움이 되는가, 아니면 그런 바람직한 열매를 훼손하고 파괴하는가?"이다.

  이 질문을 그런 목적과 직접 연결지어 생각하면 대답을 손쉽게 찾을 수 있다. 즉 거룩한 안식의 날은 복음의 목적에 크게 이바지한다. 그런 날이 없다면 대다수 인류 가운데서 그 목적이 이루어질 것이라고 기대하기가 어려울 것이다. 심지어 영성의 기준이 지금보다 낮았던 모세 시대에도 안식일은 동일한 목적을 이루기 위한 필수 요건이었다. 하나님이 특별히 안식일을 자기와 자기 백성 사이에 대대로 존재하는 표징으로 세워 자기가 그들을 거룩하게 하시는 하나님이시라는 사실을 알도록 하신 것도 바로 그런 이유 때문이었다(출 31:13). 그렇다면 오늘날과 같이 하나님의 백성이 거룩하고, 영적인 것을 믿어야 하고, 하나님과의 친밀한 교제를 나누는 데 필요한 고결한 심령 상태와 삶을 힘써 추구해야 하는 시대에는 안식일이 더욱더 필요할 것이 틀림없다.

  물론 복음은 주중에도 날마다 경건한 생각을 하며 거룩하게 살아가라고 요구한다. 복음은 단지 하루만 그런 삶을 살라고 가르치지 않는다. 그러나 유익하고 거룩한 영향력을 지니는 날, 곧 매주 돌아오는 거룩한 안식의 날을 없애버린다면 어떻게 안식을 취할 수가 있겠는가? 만일 안식일을 폐지하고, 한 주

내내 세상의 일이나 속된 여흥을 즐기는 일만 일삼는다면 경건의 보루는 곧 무너지고, 기독교의 정신과 특성은 세속화되고 말 것이 뻔하다. 그리스도를 위한 대의가 달성되고, 복음의 위대한 목적이 사람들의 영혼 안에서 이루어지려면 주님을 위해 구별된 거룩한 안식의 날이 꼭 필요하다. 세상의 일이 그날을 훼손하지 못하도록 경계하는 일은 아무리 열심히 해도 지나치지 않다. 왜냐하면 안식일의 거룩한 휴식과 경건한 활동은 사람들이 특별히 하나님의 일에 익숙해질 수 있는 기회를 제공하기 때문이다.

안식일과 실천적인 기독교의 관계를 파악할 수 있는 또 한 가지 방법은 복음의 정신에 깊이 심취한 사람들이 그날을 어떻게 생각하는지 살펴보는 것이다. 만일 은혜의 시대가 지향하는 위대한 목적과 안식일의 관계가 조금이라도 의심스럽게 느껴진다면, 성도들이 이 문제에 대해 일제히 어떻게 말하는지 알면 그 의심이 쉽게 제거될 것이다. 헌법의 정신에 정통하고, 그것에 깊이 심취한 사람들이 그에 대해 한결같은 감정이나 생각을 표현하는 말을 듣는다면, 어느 특정한 조항이 한 나라의 헌법과 어떤 관계를 맺고 있는지를 올바로 이해할 수 있을 것이 틀림없다.

안식일의 경우도 마찬가지다. 안식일을 지지하는 증언들이 있는가? 물론이다. 대대로 경건했던 사람들은 이 나라는 물론, 복음이 전파된 모든 나라에서 안식일의 준수를 주장하고 독려했다. 그런 증언들이 수록된 책들이 많지만, 청교도주의가 영광스럽게 꽃을 피우던 시기에 살았던 한 사람의 증언만으로도 충분할 것이다. 존 오웬은 이렇게 말했다.

"이 세상에 사는 동안 나로서는 힘써 말하고, 간곡히 호소할 수밖에 없으며, 현재와 미래 세대를 위해 이 증언을 남겨둘 수밖에 없다. 내가 하나님께 대한 예배와 그분의 길과 관련해 직접 목격한 것 가운데 경건의 능력을 나타내고, 복음과 그것의 원천이신 주님의 거룩하심을 가장 분명하게 드러내는 것이 있다면 그것은 바로 우리가 은혜를 통해 누리게 될 영원한 안식일과 하나님과 함께하는 안식을 상징하는 주님의 날일 것이다. 성도들은 그날을 그리스도의 규례로 받아들였고, 그것을 엄격하게 지키는 것에 깊은 관심을 기울였으며, 그날을 가장 존귀하게 여겼다. 해와 달이 계속 존재하는 한, 이날을 지키는 일을 자신의 사람들과 가족들과 교회 안에서 가장 열심히 추구해 온 성도들, 곧 이날을 가장 엄격하게 지켜 온 성도들의 사역과 행위와 삶과 믿음과 사랑을 기억하는 일은 주님을 두려워하는 자들에게 참으로 보배로울 것이다."

이밖에도 안식일이 기독교의 생명력과 번영에 꼭 필요한 요소라는 주장과 결론을 뒷받침하는 증거들은 많지만, 이쯤에서 모든 논의를 마무리하고자 한다.

안식일을 준수하는 것을 소홀히 하면 그리스도를 위한 대의가 좌절에 부딪힐 수밖에 없다. 복음의 사역자들과 교사들과 어린아이들의 보호자들은 많은 곳에서 자신들이 목격한 사실들(안식일을 소홀히 하거나 그릇되게 지킴으로써 영성이 쇠퇴하고, 도덕성이 퇴락하는 슬픈 결과들)을 종종 언급한다. 교도소 사역자들도 그와 비슷하게 죄수들 가운데 안식일을 서슴없이 어겼던 사람들이 대부분이고, 또 스스로가 걸었던 타락의 과정이 안식일의 거룩한 의무와 특권을 저버린 데서부터 시작되었다고 인정하는 죄수들이 많다고 증언한다.

예수 그리스도와 안식일

지금까지 안식일이 기독교 시대에도 여전히 유효하다는 추정이 확실하다는 것을 입증하려 노력했다. 이번에는 안식일과 관련된 예수 그리스도의 행동과 가르침에 근거해 이런 추정이 사실이라는 것을 입증해 보일 생각이다.

먼저 안식일과 관련된 예수님의 행동부터 생각해 보자. 누가복음 4장 16절은 "예수께서 그 자라나신 곳 나사렛에 이르사 안식일에 늘 하시던 대로 회당에 들어가사 성경을 읽으려고 서시매"라고 말씀한다. 예수님께서 이 신성한 제도를 존중하신 것이 분명하다. 주님은 공생애를 시작하기 전에 조용하게 사시는 동안, 거룩하고 엄숙한 날로 구별된 안식일에 정기적으로 회당 예배에 참석하셨다. 이런 내용이 마태복음(공관복음서 가운데 유대적인 성격이 가장 강한 복음서)이 아니라 예수님을 인자로 일컬은 누가복음에서 발견된다는 사실은 매우 흥미롭다.

그리스도께서는 공생애를 시작한 지 얼마 지나지 않아 "내가 율법이나 선지자를 폐하러 온 줄로 생각하지 말라 폐하러 온 것이 아니요 완전하게 하려 함이라"(마 5:17)라고 말씀하셨다. 주님은 가장 확실한 말로 이 세상에서 자신이 이뤄야 할 사명이 하나님이 전에 선언하신 말씀을 폐하거나 완화하는 것이 아니라 확고하게 입증하고 확증하는 것이라고 주장하셨다. 예수님께서는 율법과 선지자들이 요구하는 것을 이루셨다. 그분은 그것들이 요구하는 의를 친히 이루셨을 뿐 아니라 자기 백성들에게도 똑같이 요구하셨다. 주님의 백성들은 그분의 은혜를 통해 그 요구에 갈수록 더욱 복종하며 살아간다. 율법이나 선지자들의 요구를 무시하면 그것들을 성취하는 것이 아니라 파괴하는 결과가 초래될 수밖에 없다.

"안식일의 규례가 율법과 선지자들을 통해 똑같이 인정되고 실행되었는가?"라는 질문을 생각하면, 마태복음 5장 17절에 기록된 그리스도의 엄숙한 주장이 사실이고, 또 그것이 우리가 지금 논의하고 있는 문제에 매우 적절하다는 사실이 분명하게 드러난다. 이 질문에는 대답이 포함되어 있다. 시내산에서 반포된, 엄숙하고 포괄적인 계시, 곧 성경이 '율법'으로 일컫는 것 안에서 안식일은 존귀하고 확실한 위치를 차지하고 있다. 다시 말해 안식일의 계명은 십계명의 정중앙에 위치한다. 이 점은 선지서도 마찬가지다. 선지서는 유대인들에 관해 말할 때나 이방인들에 관해 말할 때나 분명하면서도 권위 있는 어조로 안식일의 중요성을 강조한다. 율법과 선지자들의 예언을 성취하기 위해 오셨다는 그리스도의 말씀은 그분이 그것들이 거룩한 안식의 날에 관해 가르친 것을 그대로 받아들이셨다는 것을 의미한다.

"또 이르시되 안식일이 사람을 위하여 있는 것이요 사람이 안식일을 위하여 있는 것이 아니니 이러므로 인자는 안식일에도 주인이니라"(막 2:27-28).

안식일은 인간을 축복하기 위해 제정되었다. 안식일이 주어진 이유는 인간의 영혼과 육체에 그것이 필요했기 때문이었다. 안식일이 필요한 이유는 말 그대로 인간이 인간이기 때문에, 곧 짐을 나르는 짐승이나 금전 등록기보다 훨씬 더 고귀한 존재이기 때문이다.

"인자는 안식일에도 주인이니라."라는 말씀의 의미에 주목하라. 안식일은 이스라엘만이 아니라 인간을 위해 제정되었다. 하나님의 아들은 성육신을 통해 온전한 인성을 취하심으로써 "인자"가 되셨다. "인자"이신 그분은 "안식일의 주인"이기도 하시다. 이 말씀의 요점은 주님이 안식일의 파괴자가 아닌 '주님', 곧 안식일 폐지론자가 아닌 주권자시라는 것이다.

복음서에 보면, 예수님이 안식일에 하셨던 행동에 대해 그분의 원수들이 비난을 쏟아내었던 일화들이 기록된 내용이 많이 발견된다(마 12:1, 2, 10 참조). 예수님이 여러 가지 대답으로 자신을 옹호하신 내용을 살펴보면 많은 교훈을 얻을 수 있다. 예수님은 그런 일이 있을 때마다 안식일에 선을 행하거나 불가피한 일이 발생했을 때는 얼마든지 합법적인 일로 허용될 수 있다고 분명하게 말씀하셨다.

따라서 "일곱째 날은 … 아무 일도 하지 말라"(출 20:10)라는 말씀을 단순히 문자적인 의미로 이해해서는 안 되고, 그리스도의 말씀에 근거해 지혜롭게 해석해야 한다. 사람이나 짐승의 안위에 절대적인 영향을 미치지 않은 일은 모두 금지되었지만, 주님의 행동과 가르침이 보여주신 대로, 그들을 진정으로 유익하게 하는 일이라면 무엇이든 용납될 수 있다.

그리스도께서는 하나님의 율법에 덧붙여진 랍비적인 규정들을 모두 인정하지 않으셨지만, 네 번째 안식일 계명의 요구를 조금이라도 훼손하거나 완화하는 말씀은 단 한마디도 하지 않으셨다. 안식일의 율법이 유대교의 해석과 전통으로 인해 왜곡되고 곡해된 것은 분명하다. 그들은 안식일에 짐승들이 와서 먹을 수 있도록 물통에 물을 채워놓는 것은 허용했지만, 짐승들에게 물을 가져다주는 것은 금지했다.

유대교의 한 학파는 안식일에 병자들을 돌보는 것을 용납하지 않았다. 주님은 네 번째 안식일 계명의 참된 의미를 설명하시고, 거기에 인위적으로 첨가된 것을 제거하려고 노력하셨다.

그리스도께서는 하나님의 율법을 다르게 고치거나 인간에게 안식일을 더럽힐 수 있는 권리를 허락하지 않으셨다. 그분은 단지 유대 교사들이 제멋대로 부여한 규정들과 안식일의 본래 취지를 옳게 구분하셨을 뿐이다.

 방금 지적한 사실 안에서 안식일의 영속성을 입증하는 또 다른 증거가 발견된다. 만일 안식일을 폐지하는 것이 옳다면, 그리스도께서 안식일의 의무를 설명하면서 선을 베푸는 일과 불가피한 일은 얼마든지 허용될 수 있다고 말씀하신 이유가 무엇일까? 예수님이 비판자들의 주장을 어떻게 논박하셨는지 주의 깊게 읽어보라. 그분이 안식일을 폐지하려고 하셨다는 암시가 조금이라도 나타나 있는가? 없다. 예수님은 단지 자신의 입장을 옹호하면서, 안식일과 관련된 바리새인들의 잘못을 제거함으로써 장차 자신의 교회를 크게 유익하게 할 것을 남겨두셨을 뿐이다.

 앤드류 톰슨(Andrew Thomson)은 "어떤 사람이 기둥에 새겨진 마모된 비문을 잘 보이게 하려고 기둥 밑에 쌓여 있는 쓰레기를 치우고, 기둥 위를 감싸고 있는 나무 덩굴을 걷어낸다면 그 비문을 미래 세대에게 알리는 것이 그의 의도라는 것을 쉽게 짐작할 수 있지 않겠는가?"라고 말했다.

페트릭 페어번은 이렇게 말했다.

"'너희가 도망하는 일이 겨울에나 안식일에 되지 않도록 기도하라'(마 24:20). 그리스도께서 공생애 말기에 하신 말씀이다. 이 말씀이 암시하는 최초의 사건은 예수님의 승천이 있고 나서 40년이 지난 후에 일어난 예루살렘의 함락이다. 그 일은 복음의 시대가 완전하게 열린 후에, 곧 '천국 복음이 모든 민족에게 증언된'(마 24:14; 골 1:6 참조) 후에 일어났다. 복음의 시대가 그만큼 경과되고 극심한 박해의 시기가 찾아왔을 때 제자들은 주님의 지시대로 안식일에 도망하는 일이 없게 해달라는 특별한 기도를 드려야 했다. … 그리스도를 무오하신 교사로 받아들여 존중하려면 그분이 복음의 시대가 완벽하게 시작된 이후에도 안식일이 여전히 계속된다는 것을 이 구절을 통해 가르치고자 하셨다는 사실을 인정하지 않으면 안 된다."

The Holy Sabbath

"요한 사도는 자기가 본 놀라운 환상들에 대해 증언하면서, 그것들이 '주의 날'에 자기에게 주어졌다고 말했다. 한 주간의 모든 날이 다 주님의 날이지만 그 가운데 하루가 특별히 구별되었다는 사실은 이 날이 특별한 의미에서 그분의 날이라는 것을 보여준다. 이 날이 '주의 날'로 불린 이유는 거룩한 만찬이 '주의 만찬'으로 불리는 이유와 똑같다. 전자는 주님의 부활을, 후자는 그분의 죽음을 각각 기념한다."

6장

안식일과 주일은 어떤 관계인가?

유대교의 안식일과 기독교의 안식일의 차이

유대교의 안식일이 폐지되었다는 것은 기꺼이 인정하지만, 그것을 근거로 이제는 그 어떤 '안식일'도 존재하지 않는다고 주장하는 것에는 동의할 수 없다. 양극단에 치우쳐 심각한 오류를 저지르는 경우가 없지 않다.

일부 사람들은 하나님이 안식일의 날짜를 다르게 바꾸라는 명령을 내리신 적이 없기 때문에 지금도 일곱째 날을 안식일로 지켜야 한다고 주장한다. 또 어떤 사람들은 한 주의 첫째 날에 특별한 방법으로 그리스도를 기리는 것은 그리스도인의 특권이라고 말하면서도 '안식일'은 완전히 폐지되었다고 주장한다. 진리는 이 양극단의 사이에 존재한다. 간단히 말해 안식일은 기독교를 통해 상당한 변화를 거쳤지만 그래도 여전히 계속된다.

안식일의 의미, 안식일을 어겼을 때 주어지는 형벌적 제재, 안식일을 지키는 요일 등 유대교의 안식일과 기독교의 안식일의 정확한 차이를 엄밀하게 살펴보려면 시내산 언약에 대한 상세한 설명이 필요하다.

최근에 『성경 연구』(Studies in the Scripture)에서 이 주제를 길게 논의한 바 있기 때문에 여기에서 똑같은 내용을 되풀이할 필요는 없겠지만 그 가장 두드러진 특징들을 간단히 요약하는 것은 불가피한 일인 것처럼 보인다. 본래 안식일은 '인간을 위해' 만들어졌다(막 2:27). 그것은 인간에게 자연적으로 요구되는 것이다. 자연의 빛과 법칙은 어느 정도의 시간을 따로 구별해 세상에서 하나님을 엄숙하게 예배하는 일에 사용해야 한다고 가르친다. 인간은 처음 창조될 때 하나님의 목적을 이루기 위해 언약의 관계를 맺었다. 인간이 지켜야 할 복종의 율법에는 약속과 경고, 보상과 형벌이 수반되었다.

아담의 타락과 이스라엘의 출애굽 사이의 기간에 민족들은 하나님을 완전히 저버렸고, 그로 인해 미련하고 어리석은 상태로 전락했다(롬 1:21-28). 하나님이 히브리 민족을 다루신 방법은 인류를 다루는 그분의 방식에 새롭고 독특한 전기를 마련했다. 구체적으로 말해, 야곱의 후손들은 하나님과 특별한 언약의 관계를 맺었다. 안식일은 본래 하나님과 인간(아담과 그의 후손)이 맺은 언약에 포함된 것이었기 때문에 새롭게 쇄신된 시내산 언약에서 안식일을 새롭게 회복하는 것이 필요했다. 언약의 본질이 변화하면서 안식일에도 변화가 생겨났다. 어떤 점에서 그런 변화가 일어났는지를 좀 더 자세하게 설명하면 다음과 같다.

하나님은 광야에서 자신의 교회를 세우고(행 7:38) 아브라함의 후손들에게 자기에 관한 지식과 자기에 대한 인간의 의무를 상기시키면서 율법과 행위 언약의 계명들을 복종을 위한 규칙으로 새롭게 부여하고, 그것을 간단히 십계명으로 압축해 돌판에 기록해 주셨다. 하나님이 주신 계명들은 창조의 법칙, 곧 언약적인 복종의 본래 규칙과 그 내용이 동일했지만 그것이 돌판에 기록될 때 의무의 형식과 원리에 새로운 변화가 생겨났다. 구체적으로 말해, 형식상으로는 객관적이고 외적인 형태를 취하게 되었고, 그것을 지켜야 할 의무와 관련해서는 그들의 상태와 지위에 근거한 서문을 첨가함으로써 동기가 부여되었다(출

20:2). 나중에는 하나님과의 특별한 관계 및 그분의 사랑과 그들에게 주어지는 유익을 근거로 계명들을 준수해야 할 의무가 계속해서 구속력을 발휘했다. 이 행위 언약은 모든 인류에게 적용되는 도덕적인 명령이 아닌 일시적인 것이었다. 그것은 나중에 폐지될 예정이었다.

하나님은 자기 백성들을 행위 언약으로 엄격하게 속박하지 않고, 그것을 힘써 지키는 사람들을 위해 그리스도 안에서 주어진 은혜의 약속을 통해 위안을 얻도록 배려하셨지만 시내산에서 자기 교회를 세우실 당시에는 율법을 하나의 중요한 구성 요소로 새롭게 하셨다. 이스라엘 백성들의 생각 속에는 율법의 요구와 그에 대한 복종의 의무가 "종을 낳은"(갈 4:24) 것과 같은 느낌을 주었다. 율법에는 "이것을 하라, 저것을 하라"라는 명령과 "이 율법의 말씀을 실행하지 아니하는 자는 저주를 받을 것이라"(신 27:26)라는 경고가 첨부되었다. 결과적으로 시내산에서 주어진 율법에 부여된 언약의 형태는 백성들의 복종이 많은 점에서 종의 성격을 띠도록 만들었다. 안식일을 더럽히는 자들에게는 사형이 선고되었다(출 35:2).

사법이나 의식법과 관련된 많은 율례와 더불어 주어진 도덕법은 이스라엘을 다스리는 규칙이었다. 그들은 왕이신 하나님의 통치를 받는 거룩한 민족이었다. 시내산에서 주어진 십계명은 모두 정치적인 용도를 지녔다. 즉 그것은 하나님의 통치를 받는 민족을 다스리기 위한 지배 체제와 정치 조직의 근간이 되는 수단이었다. 그들의 정치 조직은 하나님이 특별한 방식으로 통치자로 군림하시는 신정 체제였다. 이것은 이스라엘 백성에게 매우 독특한 것이었다. 안식일도 외적이고 현세적인 법령의 일환으로서 절대적인 필요성을 띠기 때문에 그것을 어길 때는 사형의 형벌을 받아야 했다.

안식일은 세상에 설립된 하나님의 교회인 이스라엘 민족이 수행해야 할 종교적인 예배에 관한 율법의 일부로서 언약 아래에서 살아가는 그들에게 다른 목적들을 일깨우는 수단이었다. 그것은 장차 올 좋은 것을 가리키는 그림자의 역할을 했다. 이스라엘 백성은 안식일을 통해 행위 언약인 율법의 엄격함과 저주로 인한 부담을 달랠 수 있었다. 안식일 준수를 위한 계명들이 주어지고, 새로운 동기가 부여되고, 새로운 목적과 용도가 정해져 그것을 언약의 시대에 적합하게 만들었지만 그것들은 나중에 모두 제거되고, 안식일 자체도 그런 것들과 관련이 있는 한 함께 폐지될 예정이었다. 따라서 우리는 오웬의 말에 기꺼이 동의하지 않을 수 없다.

"안식일의 율법과 관련된 것은 모두 모세의 율법에 속한다. 다시 말해 시내산에서 이스라엘 백성에게 율법의 반포가 이루어진 때부터 안식일의 준수와 관련된 모든 의무와 그날을 한 주간의 마지막 날인 일곱째 날에 국한시킨 것은 당시에 하나님이 부여하신 언약을 집행하는 데 필요했고, 이전의 제도와 관련이 있었다. 그것을 준수하는 방법은 속박된 노예적인 심령 상태에 적합했다. 시내산에서 주어진 율법은 그들 안에서 그런 상태를 만들어냈고, 그것은 하나님이 정하신 일이었다. 안식일에는 갑절의 희생 제사가 거행되는 등 당시에 시행 중인 일련의 종교적인 예배 체제와 깊은 관련을 맺었다. 안식일의 다양한 용도와 용법은 이스라엘 공동체를 다스리는 통치 체제와 연관이 있었다. 그런 것과 관련된 것들은 모두 폐지되어 사라졌다."

한 주간의 첫째 날(주일)에 예배를 드리는 것이 안식일을 지키라는 명령을 폐지하는 것일까?

하나님이 이스라엘 백성과 언약 관계를 맺으시면서 안식일과 관련해 두드러진 변화가 일어났다면 시내산 언약과 율법이 폐지된 후에는 어떤 변화들이 일어났는지 궁금하지 않을 수 없다. 기독교의 안식일을 오랜 세월 동안 유지되어 온 안식일과 구분하기 위해 새 언약의 시대에는 그와 다른 새로운 요일을 안식일로 지키는 것이 과연 편리하고, 또 필수적인 것일까?

안타깝게도 인간의 본성은 크게 왜곡된 탓에 한 주간의 마지막 날에서 첫째 날로 바뀐 것을 근거로 기독교 시대에는 안식일이 완전히 폐지되었다고 주장하는 사람들이 적지 않다. 그들은 한 주간의 첫날이라는 우월성을 토대로 전혀 새로운 또 다른 제도가 그것을 대체했다고 주장한다.

다시금 페트릭 페어번의 견해를 빌려 이 문제를 생각해 보자. 먼저 일곱째 날을 없애고 첫째 날로 그것을 대체하게 된 이유를 적절하게 설명하지 못한 채 단지 그런 단순한 변화만을 가지고 안식일이 창조 당시부터 예루살렘이 멸망할 때까지만 존속되었다는 주장을 펼친다면, 생각이 진지한 신자들 가운데 어느 한 사람도 동의하기 어려울 것이다.

이것은 모세와 그리스도, 족장 시대와 레위기 시대와 기독교 시대를 연결하는 사슬이다. 우리는 많은 양의 증거를 무시하고, 그런 단순한 변화를 안식일의 존재를 거부하는 결정적인 증거로 삼아서는 안 된다. 사실, 예배를 드리는 날로 정해진 첫째 날은 "주의 날"(the Lord's day, 계 1:10)이라는 이름을 얻었다. 이

날이 '주님의 날'로 불리는 이유는 무엇일까? 여기에는 첫째 날이 주님이 일곱째 날에 부여하신 것과 똑같은 타당성을 지닌다는 의미가 암시되어 있다.

만일 다른 날이 아닌 첫째 날, 그것도 그 일부가 아닌 그 전체가 주님의 날이라면 과연 어떻게 해서 그렇게 된 것일까? 첫째 날이 주님의 영광과 직접 관련되고, 그 자체로 특별한 용도와 예배를 위해 구별되게 된 이유는 무엇일까? 그것은 본래 일곱째 날의 독특한 특징이 아니었는가? 그날은 하나님의 날이었다. 왜냐하면 그분이 거룩한 목적을 위해 특별히 따로 구별한 날이었기 때문이다. 이런 특성이 '주의 날'이라는 명칭에 분명하게 나타나지 않는가? 아담에서부터 그리스도에 이르기까지 일곱째 날이 지녔던 특징들이 한 주간의 첫째 날로 모두 옮겨졌다.

모든 계층과 모든 세대의 사람들을 위해 정해진 안식일의 가장 중요한 특징은 처음부터 한 주간의 어느 요일을 정확하게 지정하는 것이 아니라 우리에게 주어진 시간의 7분의 1을 하나님을 예배하는 데 바쳐야 한다는 것이다. 네 번째 계명의 실질적인 내용은 일곱째 날을 그 전후로 지나가는 엿새와 따로 구별해 기념하라는 것이다.

일곱째 날을 한 주간의 첫째 날이 아닌 마지막 날로 간주하는 이유는 그것이 본래 제정되던 때에 그렇게 결정되었기 때문이다. 그러나 하나님이 그것을 항상 자신의 창조 사역과만 결부시켜 결정하도록 의도하셨다고 생각하는 것은 근거도 없고, 적합하지도 않다.

애굽에서의 고된 노예 생활로 인해 오랫동안 잊혀져 왔던 안식일이 회복되고 광야에서 만나가 주어졌을 때, 곧 하나님이 만나를 내려주기 시작하셨을 때부터 일곱째 날이 중시되었다. 하나님은 이스라엘 백성에게 단지 창조 사역을 기념하라고 명령하지 않고, 안식일을 그들과 맺은 언약의 표징이자 그들을 속박의 땅에서 구원한 자신의 선하심을 기념하는 날로 지키라고 강조하셨다.

이런 점들을 고려하면, 한 주간의 마지막 날에서 첫째 날로 요일이 바뀌고, 그것이 더 나은 또 하나의 언약과 연관을 맺음으로써 더 고귀하고 영광스러운 사역을 기념하는 날로 변경되었다고 해서 그 본래의 의무가 폐지되고, 또 그 성격이 바뀌었다고 주장하는 것은 참으로 터무니없는 일이 아닌가 싶다.

새 언약이 요일의 변화를 요구했다

그런 변화는 아무렇게나 이루어진 것이 아니었다. 거기에는 그리스도의 새로운 언약 및 사역과 관련된 중대한 이유가 있었다. 그것은 가깝게는 유대교와 멀게는(그러나 더욱 본질적으로는) 창조 사역과의 차이에서 비롯된 것이었다. 한 주간의 마지막 날을 하나님을 섬기는 날로 특별히 구별한 것은 비록 할례처럼 이미 그 이전에 제정된 것이지만, 특별히 시내산에서 맺은 언약과 큰 연관이 있다. 안식일은 시내산 언약의 표징이었다. 그날이 창조 사역을 기리기 위한 날이라는 사실은 세월이 지나면서 이방인들 사이에서 희미해졌고, 그날을 준수하는 것은 이스라엘 백성들이 그들의 조상 때에 맺은 언약을 신봉한다는 것을 공적으로 증언하는 역할을 했다.

기독교 시대에 접어들자, 안식일과 관련해 요일을 변경해야 할 필요성이 더욱 분명해졌다. 일곱째 날에 하나님을 예배하는 것은 유대교와 밀접하게 관련된 것이었기 때문에 복음의 신앙을 세상에 전할 적절한 표징이나 증언이 되기에는 적합하지 않았다. 따라서 실제로 그런 변화가 이루어지지 않았다면 이 거룩한 제도의 중요한 목적이 상실되고 말았을 것이 틀림없다.

하나님은 언약의 백성을 나타내는 외적 표징이었던 할례를 폐지하셨던 것과 똑같은 방식으로 유대교의 안식일을 폐지하고, 세례를 기독교의 독특한 표징으로 삼으신 것과 동일한 이유에서(갈 3:27) 한 주간의 첫째 날을 기독교의 안식일로 제정하셨다.

그러나 시내산 언약을 넘어서서 하나님의 창조 사역으로 거슬러 올라가면 이런 변화를 뒷받침하는 훨씬 더 강력한 이유를 발견할 수 있다. 창조 사역을 기리기 위한 안식일의 본래 목적이 더 이상 유지되기가 불가능해졌다. 왜냐하면 죄가 세상에 들어와 파괴적인 힘을 발휘한 탓에 세상이 무참하게 훼손되었기 때문이다. 한때 아름답고 영광스러웠던 기업이 황폐해졌다. 안식일을 기념하는 것이 전에는 피조물을 위한 하나님의 선하신 계획을 상기시켜주는 역할을 했지만 이제는 그분의 계획이 어떻게 방해를 받아왔고, 또 자연의 영광과 생명이 어떻게 죽음의 심연에 빠지게 되었는지를 보여주는 증거가 되었다. 따라서 우리의 평화와 행복을 위해 파괴된 처음 세상을 새롭게 고치고, 더 고귀한 것, 곧 썩지 않는 영광의 기초를 놓아줄 하나님의 또 다른 사역과 언약이 필요하게 되었다.

물질세계를 창조하는 것보다 더 장엄하고 복된 창조, 곧 죄나 사탄이 훼손할 수 없는 새로운 창조가 이루어졌다. 구원 사역은 그 중요성과 가치에 있어서 첫 번째 창조 사역을 능가한다. 예수님께서는 자기 백성의 죄를 청산하고, 그들에게 영원한 의를 가져다주기 위해 고통스럽고 값비싼 희생을 감당하셨다. 그분이 그런 수고를 마치고 안식하신 것을 기념하기 위해 안식의 날을 변경하는 것은 참으로 적절하지 않을 수 없다.

안식일을 한 주간의 마지막 날에서 첫째 날로 변경해 그리스도의 초월적인 사역을 기념하게 된 이유는 예수님께서 새 창조의 머리이자 잠자는 자들의 첫 열매요, 영화롭게 된 인성의 원형이자 보증으로서 그날에 죽음을 정복하고 무덤에서 부활하셨기 때문이다.

주 예수님은 무덤에서 영광스럽게 부활하심으로써 자기의 이름을 믿는 모든 자에게 썩지 않고, 더럽지 않고, 쇠하지 않는 기업을 허락하신다(벧전 1:3-4). 따라서 거룩한 날과 관련해 그런 변화가 이루어진 것은 참으로 적절하고 기쁘기 그지없는 일이 아닐 수 없다. 우리는 그런 변화를 안식일을 훼손하거나 파괴하는 근거로 삼기보다 그 복된 제도를 더욱 소중히 여기는 동기로 삼아야 한다. 왜냐하면 낙원을 상실한 것이 아니라 더 나은 낙원을 얻었고, 언약이 깨지고 기업이 훼손된 것이 아니라 그리스도의 피로 영원한 언약이 비준되었으며, 요동하지 않는 왕국이 임했기 때문이다. 썩어 없어질 자연의 언약과 사역을 기리기 위해 안식일의 표징이 주어졌다면 그보다 더 고귀한 사역과 언약은 더더욱 힘써 기려야 마땅하지 않겠는가?

그리스도께서 영적 안식과 축복을 베풀기 위해 자신의 교회 안에서 따로 구별하신 거룩한 날을 지켜 그분과 교제를 나누기를 거부한다면 그것은 그분이 이루신 사역을 경시한다는 표시이자 우리 자신에게서 구원의 소망을 빼앗는 것이 아니고 무엇이겠는가? 이 점에 있어서 페트릭 페이번은 이렇게 말했다.

> "우리는 그리스도의 부활이 하나님이 정하신 대로 한 주간의 첫째 날에 이루어졌기 때문에 항상 그랬듯이 지금도 칠 일 중에 하루를 하나님께 온전히 거룩하게 바치는 것이 그분의 뜻이라고 결론짓지 않을 수 없다. 이런 변화는 안식일의 고유한 의무를 조금도 약화시키지 않는다. 이런 변화가 필요했던 이유는 안식일 준수를 통해 그것이 제정된 본래의 목적을 이루도록 돕는 한편, 하나님의 모든 자녀에게 그 신성함을 일깨우고, 그날을 사랑스럽게 여기게끔 만들어 줄 특성을 새롭게 부여하기 위해서다."

지금까지 '안식일의 기독교화'라는 주제를 다루면서 주로 두

가지에 초점을 맞췄다. 첫째, 단순히 요일이 변경된 것을 근거로 들어 안식일의 영속성을 논의한 많은 논증을 타당하지 않은 것으로 논박할 수는 없다. 다시 말해 한 주간의 첫째 날이 하나님을 예배하는 날로 거룩하게 구별되었다는 사실 자체만으로 안식일이 더 이상 유지될 수 없다는 주장은 잘못이다.

둘째, 구원적 경륜의 변화가 안식일을 지키는 날의 변화를 가져왔다. 새 언약이 옛 언약과 분명하게 구별된다면 안식의 날도 거기에 맞게 새롭게 바뀌어 그것의 확립을 증언하는 표징이 되어야 한다.

한 주간의 첫째 날(주일)

이번에는 하나님이 한 주간의 첫째 날을 기독교의 안식일로 정하셨다는 사실을 좀 더 구체적으로 살펴보기로 하자. 이 글을 읽는 사람들은 생각이 제각기 다를 것이다. 그들은 각자 서로 다른 가르침을 받고 성장해 왔을 것이 분명하다. 모든 사람을 돕는 것이 나의 바람이기 때문에, 나는 대다수 사람은 별로 관심을 기울이지 않을 주제, 곧 그들이 불필요하게 생각할 주제를 선택해야 할 의무감을 종종 느끼곤 한다. 독자들 가운데는 '제칠일 안식일 예수 재림교회'의 영향을 받은 사람들이 있다. 지금까지 아무리 많은 책을 읽어보아도 그들의 어려움을 해결해 줄 실마리가 될 만한 것을 거의 발견하지 못했다. 따라서 이 문제를 좀 더 상세하고 주의 깊게 다루는 것이 필요하다는 생각이 들었다.

옛 창조에는 하나님에 대한 인간의 복종을 요구하는 율법이 내포되어 있었다. 그것은 인간의 본성에 새겨져 복종의 성향을 지니게 했다. 창조의 율법에는 시내산 언약의 경우처럼 그것과 분리될 수 없는 언약이 덧붙여져 있었다. 그 언약의 일차적인 목적은 인간이 복종의 행위를 통해 하나님의 안식에 참여하게 만드는 것이었다. 그에 대한 보증이자 그것을 얻는 수단으로 안식의 날이 제정되었다. 이 모든 것은 새 창조에 속하는 새 언약 안에서도 적절한 효력을 지닌다.

새 언약의 일차적인 목적은 히브리서 4장에서 길게 진술한 대로, 하나님의 안식에 참여하는 것이다. 우리는 창조주요 보상자이신 하나님의 안식에 참여할 자격이 전혀 없지만 구원자이신 그리스도 안에서 하나님께 나아갈 수 있다. 그 근거는 새 창조 안에서 이루어지는 하나님의 사역과 하나님이 그리스도의 속죄를 통해 얻으신 온전한 만족이다.

안식일로 지키는 특정한 날이 우리가 어떤 언약 아래에서 하나님을 섬기는지를 보여주는 잣대다. 만일 시내산 언약이 폐지되었다면 안식의 날도 변할 수밖에 없다. 만일 유대인에게 주어진 안식일이 폐지되지 않았다고 주장하려면 그것과 동일한 체계 위에 서 있는 모세 율법 전체가 계속된다고 주장해야 한다. 이것이 단지 우리 자신의 추론이나 교의적인 주장이 아닌 성경이 실제로 가르치는 것이라는 사실이 히브리서 7-10장의 논증을 통해 분명하게 드러난다. 예를 들어 히브리서 7장 12절은 "제사 직분이 바꾸어졌은즉 율법도 반드시 바꾸어지리니"라고 말씀한다. "언약이 바뀌면 잇따라 그 목적도 바뀌고, 하나님의 안식에 참여하는 방식도 바뀌고, 안식의 날도 바뀔 수밖에 없다"(존 오웬).

이제 서론은 이쯤 해두고 한 주간의 첫째 날이 기독교의 안식일이라는 것을 입증하는 증거들을 좀 더 살펴보기로 하자.

1) 구약성경에 이런 변화가 이미 내포되어 있었다

첫째, 이런 변화가 구약 시대에 분명하게 예시되었다. 안식일이 한 주간의 마지막 날에서 첫째 날로, 곧 일곱째 날에서 여덟째 날로 바뀐 것은 기독교 시대에 속하는 다른 모든 것과 마찬가지로 다양한 예표와 그림자를 통해 미리 암시되었다. 창조 사역은 엿새 동안 마무리되었고, 하나님은 일곱째 날에 사역을 마치고 안식하셨다. 그로써 한 주간, 곧 시간의 첫 번째 순환이 완료되었다. 따라서 여덟째 날은 새로운 순환의 첫째 날이었다. 그날에 새 언약의 머리이신 그리스도께서 부활하셨다. 이처럼 구약성경은 가장 분명한 방식으로 여덟째 날이 그리스도께서 안식에 들어가신 날이자 그분의 백성이 그것을 기념하며 안식하는 날이 되리라는 것을 암시했다.

할례는 태어난 지 여덟째 되는 날 시행해야 했다(창 17:12). 짐승도 여덟째 되는 날에 희생제물로 드릴 수 있었다(레 22:27). 그 밖에도 대제사장 아론과 그의 아들들을 봉헌하는 예식도 다양한 의식을 거친 후에 여덟째 되는 날에 완결되었고(레 9:1), 유출이 있는 여인이나(레 15:29) 몸이 부정하게 된 나실인도 여덟째 되는 날에 속죄제를 드려 죄를 속할 수 있었으며(민 6:10), 제사장에게 갖다 주는 첫 열매의 이삭 단도 여덟째 되는 날에 받아들여졌다(레 23:11, 이것은 그리스도의 부활을 예표한다). 성전을 봉헌할 때도 여덟째 날을 거룩하게 구별했고(대하 7:9), 히스기야 당시에 성전을 성결하게 하는 일도 여드레 동안 진행되었다(대하 29:17).

이처럼 구약 시대 이스라엘 백성의 가장 엄숙한 예식들과 관련해 여덟째 날이 매우 두드러진 방식으로 거듭해서 사용되었다. 영적 분별력을 지녔다면, 이런 사실들을 보고서 어떻게 그것에 별다른 목적이 없었다고 말할 수 있겠는가? 지혜로우신 하나님이 매우 중요한 목적(새로운 시작을 암시하는 예표적인 의미)이 있었기 때문에 그날을 그렇게 특별하게 다루신 것이 아니겠는가? 여덟째 날은 한 주간의 첫째 날에 해당한다. 위의 사실들은 모두 그리스도께 적용된다. 그분은 죽은 자들의 첫 열매이셨고, 하나님은 그분이 드린 희생 제사를 받아주셨다. 또한 그리스도께서는 대제사장으로 '영원히 거룩하게 구별되셨으며', 자기 백성을 위해 죄를 속량하셨다(그 덕분에 그들은 모두 죄에서 깨끗해졌다).

하나님의 목적은 신약 시대에 이르러 온전히 성취되었다. 그리스도께서는 안식일의 주인이시다. 일곱째 날을 지켜야 할 의무는 조금도 변하지 않았고, 단지 한 주간의 마지막 날에서 첫째 날로 바뀌었을 뿐이다.

2) 부활하신 그리스도께서 안식 후 첫째 날에 나타나셨다

둘째, 이런 변화는 첫째 날에 관한 신약성경의 기록을 통해서도 분명하게 암시되었다. 안식과 예배의 날이 바뀌었다는 사실이 부활하신 예수님이 한 주간의 첫째 날에 제자들에게 나타나신 것을 통해 여실히 드러났다. 주님은 엠마오로 가던 제자들에게 나타난 뒤 잠시 종적을 감추었다가 신비로운 방식으로 다락방에 모여 있던 제자들 앞에 다시 나타나셨다. "이날 곧 안식 후 첫날 저녁 때에 제자들이 유대인들을 두려워하여 모인 곳의 문들을 닫았더니 예수께서 오사 가운데 서서 이르시되 너희에게 평강이 있을지어다"(요 20:19).

성령께서 한 주간의 첫째 날을 특별히 언급하신 이유가 무엇일까? 그것은 그날이 특별한 날이 되었다는 사실을 알려주시기 위해서가 아니겠는가? 유대인들이 일곱째 날에 종교적인 '모임'을 갖는 것이 무슨 의미인지를 즉각 이해했다면 그리스도인들도 한 주간의 첫째 날과 관련된 사실들이 의미하는 바를 즉각 이해했을 것이 분명하다.

위의 인용 구절에서 눈에 띄는 두 번째 사실은 "제자들이 유대인들을 두려워하여 모인 곳의 문들을 닫았더니"라는 말씀이다. 이 말씀이 암시하는 것은 무엇일까? 주님은 이미 "그들의 마음을 열어 성경을 깨닫게 하셨다"(눅 24:45 참조). 따라서 그들은 예표가 현실이 되어 나타난 것을 어느 정도는 짐작하고 있었을 것이 틀림없다. 또한 성경은 "그가 택하신 사도들에게 성령으로 명하시고 승천하신 날까지의 일을 기록하였노라 그가 고난받으신 후에 또한 그들에게 확실한 많은 증거로 친히 살아 계심을 나타내사"(행 1:2-3)라고 말씀한다. 이런 사실들을 종합해 보면, 제자들이 한 주간의 첫째 날을 안식일로 지켰고, 그런 식으로 일곱째 날을 안식일로 지키는 고대의 관습을 어기는 행위가 유대인들의 분노를 초래할 것을 알았기 때문에 문을 걸어 잠근 것이라고 결론지을 수밖에 없지 않겠는가?

도마는 당시에 그 자리에 없었다. 그는 그 놀라운 이야기를 전해 듣고 강한 의심을 드러냈다. 주 예수님은 그 뒤로 한 주간 내내 모습을 보이지 않으셨다. 제자들은 다음 주 첫째 날에도 함께 모였는데, 그때에는 도마도 그 자리에 있었다. 예수님은 다시 모습을 드러내고 "너희에게 평강이 있을지어다"(요 20:26)라고 말씀하셨다. 그 사이에 무슨 특별한 일이 있었는가? 없었다. 그리스도께서는 다른 날에 제자들을 만나지 않으셨다. 그분은 한 주간 내내 제자들 앞에 나타나지 않다가 그들이 안식 후 첫째 날에 예배를 드리기 위해 모였을 때 다시 나타나셨다. 이런 사실은 그분이 그날을 제자들과 만나는 날로 정하셨다는 사실을 분명하게 보여준다. 이런 사실은 오순절 성령 강림을 통해 가장 분명하게 드러났다. 안식 후 첫째 날에 성령 강림이 이루어졌다는 사실은 그날이 기독교의 안식일로 새롭게 제정되었다는 사실을 입증하는 명백한 증거다.

3) 초대 교회가 한 주간의 첫째 날을 기념했다

셋째, 초대 교회가 한 주간의 첫째 날을 기념했다. 사도들이 이 문제를 어떻게 이해했는지가 그들의 관습을 통해 분명하게 드러난다. 그들은 "그 주간의 첫날"(행 20:7)에 떡을 떼고 말씀을 전하기 위해 모였다. 따라서 사도들과 그들의 감독 아래 있던 교회가 그들의 주인이신 주님의 계시된 뜻과 일치되는 일을 했다고 결론지어야 마땅하지 않겠는가?

그렇다면 왜 결정적인 명령이 주어지지 않았을까?

"하나님이 기독교 시대에 한 주간의 첫째 날을 안식일로 지키라고 요구하셨다면 왜 사도들의 서신을 통해 확실하게 명령하지 않으셨는가?"라는 반론이 제기될 수 있다. 이 반론에 대해서는 세 가지로 대답할 수 있다.

① 그런 반론은 경건하지 못하다. 인간인 우리가 하나님이 자신의 기쁘신 뜻을 마땅히 알리셔야 한다고 주장하는 것은 참으로 외람된 일이 아닐 수 없다. 하나님은 분명하게 명령하지 않고, 얼마든지 다른 식으로 자신의 뜻을 알리실 수 있다.

② 그런 반론은 초대 교회 신자들의 상황이 오늘날의 상황과 매우 달랐다는 점을 전혀 고려하지 않은 것이다. 초대 교회 당시에는 유대교의 안식일을 지킬 때처럼 그와 관련된 거룩한 규칙들을 엄격하게 적용해 안식일을 지키는 것이 불가능했다. 물론 기독교 교회가 팔레스타인 안에 머물러 있고, 신자들이 유대인 신자들과 개종자들만으로 구성되어 있던 상황에서는 한동안은 모든 회심자에게 그 땅의 율법에 따라 유대교의 안식일을 엄격하게 준수하도록 요구받았을 것이다. 그런 상황에서 당시의 신자들은 개인적으로 가능한 경우에만 부가적으로 주일을 준수했을 뿐, 안식 후 첫날을 모든 동료 신자들에게 적용할 힘이 없었을 것이다.

기독교 교회의 경계가 넓게 확장되고 이방인 회심자들이 늘어나자, 기독교의 안식일은 가장 큰 난관에 직면했고, 계속적인 반대에 부딪혔다. 초기 이방인 회심자들 가운데는 이방인 주인을 섬기는 노예들이 많았다. 따라서 교회가 한 주간의 첫째 날에 모든 세속적인 활동을 중단하고, 그날을 온전히 구별해 하나님만을 예배하는 날로 바치는 것은 거의 불가능했을 것이 틀림없다.

이런 점에서 하나님이 그들이 감당하기 어려운 짐을 부여하지 않으신 것은 참으로 자비로우신 처사가 아닐 수 없다. 그럼에도 불구하고 초기 그리스도인들은 힘든 시련과 박해 속에서도 가능한 경우에는 최소한 첫째 날의 일부만이라도 바쳐 특별한 예배를 드렸을 것이 분명하다.

③ "첫째 날을 거룩하게 구별하라는 하나님의 명령이 사도들의 서신에서 발견되지 않는다는 것이 과연 사실일까?"라고 되묻고 싶다. 엄밀히 말해 그것은 사실이 아니다. 예를 들어 고린도전서 16장 1-2절은 "성도를 위하는 연보에 관하여는 내가 갈라디아 교회들에게 명한 것같이 너희도 그렇게 하라 매주 첫날에 너희 각 사람이 수입에 따라 모아두어서 내가 갈 때에 연보를 하지 않게 하라"라고 말씀한다. '내가 … 교회들에게 명한 것같이'라는 말은 권위를 나타낸 표현인 것이 분명하다. 그것은 엄연한 사도적 명령이다. 바울은 구제 헌금의 원칙에 관해 '명령했을' 뿐 아니라 '매주 첫날'이라는 말로 그런 헌금을 바쳐야 할 시간까지 분명하게 정해주었다. "내가 각처 각 교회에서 가르치는 것을"(고전 4:17)이나 "내가 모든 교회에서 이와 같이 명하노라"(고전 7:17)라는 말씀에서 알 수 있는 대로, 그것은 고린도 교회에만 적용되는 특별한 규정이 아니었다. 더욱이 바울은 더욱 분명한 어조로 "내가 너희에게 편지하는 이 글이 주의 명령

인 줄 알라"(고전 14:37)라고 말하기까지 했다.

이점에 대해 A. 반스(A. Barnes)는 이렇게 말했다.

"이 중요한 구절은 고린도 교회에서 한 주간의 첫째 날이 거룩한 날로 지켜졌다는 것을 입증하는 확실한 증거다. 만일 그렇지 않다면 다른 날이 아닌 그날을 연보하는 날로 특별히 선택해서 말한 것이 아무런 타당성을 지니지 못할 것이다. 그날은 신앙의 의무를 행하는 날로 구별되었기 때문에 구제와 자선을 베푸는 날이 되기에 매우 적절했다. 그날이 신앙의 의무를 행하는 날로 정해졌다는 것 외에는 그날을 특별히 지정해서 말한 다른 이유를 찾기가 어렵다. 그날이 다른 사람들에게 자선을 베푸는 날이 되기에 적합했던 이유는 그것 외에는 다른 특별한 이유가 없었던 것처럼 보인다. 더욱이 이 명령이 갈라디아 교회에도 똑같이 주어졌다는 사실은 그들이 한 주간의 첫째 날을 거룩하게 지켰고, 그날을 힘들고 가난한 삶을 사는 사람들에게 사랑을 베풀기에 적합한 날로 간주했다는 명백한 증거다. 만일 사도적 권위에 의해 그런 교회들 안에서 한 주간의 첫째 날이 거룩하게 지켜졌다면 다른 교회들도 그렇게 했을 것이 거의 확실하다. 이렇게 볼 때, 그날을 지키는 것이 당시의 관습이었고, 그날을 준수하는 것이 기독교의 초기 설립자들의 권위 아래 이루어졌다고 결론지을 수 있다."

이 구절은 한 주간의 첫째 날이 하나님의 권위 아래 거룩한 예배의 날로 지정되었다는 것을 분명하게 보여준다. 왜냐하면 '연보'는 기독교적 교제의 행위이기 때문이다. '매주 첫날'은 사복음서의 저자들이 그리스도의 부활과 관련해 사용한 표현과 똑같다(마 28:1; 막 16:1; 눅 24:1; 요 20:1). 예수님은 "안식 후 첫날"에 다락방에 있는 제자들에게 나타나셨다(요 20:19). 성령께서는 그런 구체적인 표현을 사용해 새로운 한 주간의 순환이 이루어지기 시작했음을 나타내셨다. 이것이 우리가 조금도 주저하지 않고 '기독교의 안식일'에 관해 말하는 이유다.

다른 증거들

그리스도께서 밧모섬에 나타나 자신의 종인 요한에게 예언의 말씀을 허락하신 일을 통해서도 그분이 기독교의 안식일을 인정하셨다는 사실이 분명하게 드러난다. 요한 사도는 자기가 본 놀라운 환상들에 대해 증언하면서 그것들이 "주의 날"에 자기에게 주어졌다고 말했다(계 1:10). 한 주간의 모든 날이 다 주님의 날이지만 그 가운데 하루가 특별히 구별되었다는 사실은 이날이 특별한 의미에서(곧 특별히 그분의 영광을 위해 바쳐진 날이라는 점에서) 그분의 날이라는 것을 보여준다. 이날이 "주의 날"로 불린 이유는 거룩한 만찬이 "주의 만찬"(고전 11:20)으로 불린 이유와 똑같다. 전자는 주님의 부활을, 후자는 그분의 죽음을 각각 기념한다. 이 특별한 명칭은 주님이 '안식일의 주인'이시라는 또 하나의 증거다(막 2:28 참조).

초기 그리스도인들이 한 주간의 첫째 날을 안식일로 지켰다는 다수의 증언이 존재한다. "주일로 불리는 날에 도시나 마을에서 모임이 열려 시간이 허락하는 한도 내에서 사도들과 선지자들의 글을 읽었다. 봉독자가 읽기를 마치면 대표자가 그런 탁월한 본을 따르라고 말씀으로 권하고 독려했다. 그러고 나서 모두가 함께 일어나 합심 기도를 드렸다"(순교자 유스티누스의 『변증서』에서).

유세비우스도 동시대의 증인 가운데 하나였다. 그는 "안식일에 해야 하는 의무는 무엇이든 모두 주의 날로 이전했다. 그런 의무를 그날에 이행하는 것이 더욱 적절한 이유는 그것이 유대교의 안식일보다 더 우월하고, 더 탁월하고, 더 영광스럽기 때문이다."라고 말했다(『시편 92편 강해』에서).

하나님은 처음부터 옛 창조가 파괴되고 나면 새 창조가 이루어지도록 결정하셨다. 그분은 자신의 영광을 위해 예수 그리스도를 통해 새로운 율법과 새로운 언약과 새로운 안식일을 갖춘 새 창조가 이루어지게 하셨다. "개혁할 때"(히 9:10)라는 말에서 알 수 있는 대로, 만물이 중보자를 통해 혁신될 것이라는 사실이 선지자들을 통해 예언되었다(행 3:21). 서신서들은 만물의 혁신이 그리스도를 통해 이루어졌다고 증언한다. "이전 것"(고후 5:17)은 옛 언약, 옛 예배 질서, 유대교의 안식일 등을 가리킨다. "그리스도 안에서 때가 찬 경륜을 위하여 예정하신 것이니 하늘에 있는 것이나 땅에 있는 것이 다 그리스도 안에서 통일되게 하려 하심이라"(엡 1:9-10). 모세의 시대에 속한 것 가운데 주님을 위한 우리의 삶에 유익한 것들만 계속해서 유지된다. 그러나 그것들은 옛 토대 위에 근거하지 않고, 그리스도 안에서 새로운 성향을 띤다(고전 9:21 참조).

거룩한 안식일도 마찬가지다. 안식일은 계속 유지되지만 결정적인 변화를 거쳤다. 성자 하나님의 성육신이 세상의 연대 구분에 영향을 미쳤듯이(문명사회에서는 그분의 탄생을 새로운 연대의 기준점으로 삼는다), 그분의 죽음과 부활을 통해 옛 언약이 종식되고, 새 언약이 재가되었다. 이것은 안식일의 변화를 가져왔다. 첫째, 기독교의 안식일로 제정된 한 주간의 첫째 날은 구약 시대의 예표들을 통해 암시되었다. 그 가운데서 여덟째 날이 특히 두드러져 나타난다. 둘째, 그것은 신약성경의 기록을 통해 분명하게 암시되었다. 주님은 한 주간의 첫째 날에 부활하셨을 뿐 아니라 제자들과도 그날에 만나셨다. 셋째, 초대 교회가 그날을 기념했다(행 20:7; 고전 16:2).

4) 히브리서 4장이 그런 변화를 증언한다

넷째, 히브리서 4장이 그런 변화에 대해 결정적으로 진술한다. 일단 진술된 사실을 먼저 살펴보고, 그다음에 사도가 펼친 논증을 자세하게 설명해 보이겠다.

히브리서 4장에 진술된 변화의 사실

히브리서 4장 8절은 "만일 여호수아가 그들에게 안식을 주었더라면 그 후에 다른 날을 말씀하지 아니하셨으리라"라고 분명하게 말씀한다. "다른 날"이 무슨 의미인지는 문맥을 통해 확연하게 드러난다. 그것은 바로 거룩한 안식일이다. "하나님은 제칠일에 그의 모든 일을 쉬셨다"(4절). 사도는 '다른 날'('제칠일'과 다른 날)을 언급하고 나서 곧바로 "그런즉 안식할 때가 하나님의 백성에게 남아 있도다"(9절)라고 말했다. 그는 그것에 대한 증거를 제시하고, '다른 날'이 무슨 날을 가리키는지를 밝히기 위해 "이미 그의 안식에 들어간 자는 하나님이 자기의 일을 쉬심과 같이 그도 자기의 일을 쉬느니라"(10절)라고 선언했다.

　방금 지적한 것은 이해하기가 쉽고 간단하지만 사도가 펼친 논증의 요지를 이해하려면 생각을 집중해서 논리적 추론의 과정을 주의 깊게 살펴봐야 한다. 첫째, 사도는 3장에서 말한 내용을 4장에서 계속 이어가고 있다. 그는 3장에서 믿음과 복종과 인내를 권고했다(히 3:1-6). 그는 이를 강조하기 위해 강력한 권고와 엄숙한 경고가 담겨 있는 시편 95편을 인용했다. 시편에 언급된 이들은 믿음과 복종과 인내의 의무를 저버린 탓에 하나님의 진노를 받았다(7-11절). 사도는 이 경고를 히브리 신자들에게 적용하고, 시편의 인용 구절에 나타난 특정한 표현들을 설명했다(12-18절).

　사도가 시편 95편의 표현을 사용해, 히브리서 3장 12-13절에서 제시한 자신의 권고를 더욱 상세히 설명하며 확실하게 뒷받침했던 이유는 시편 95편이 신약 시대의 성도들에게 적용되는 경고를 비롯해 (더 특별하게는) 복음을 통해 그리스도 안에서 누리는 하나님의 안식과 그에 대한 우리의 의무에 관한 예언(히브리서 4장 1절의 "약속"이라는 표현에 주목하라)을 포함하고 있기 때문이었다. 첫째, 그는 히브리 신자들에게 주지시키려고 생각한 의무를 제시했다. 둘째, 그는 다윗이 언급한 '안식'이 그가 시편 95편을 쓸 때 여전히 미래의 일이었다는 것을 보여줌으로써 자신의 권고를 위한 근거를 확립했다(히 4:3). 셋째, 그는 하나님의 다양한 안식들의 차이를 구별하고, 주의 깊게 논의했다(4-10절). 넷째, 그는 본래의 권고로 다시 되돌아와 그것을 되풀이함으로써 결론을 내렸다(11절).

사도가 히브리서 4장 4-11절을 통해 말하려는 요점은 자기가 1-3절에서 말한 것을 확증하는 것이었다. 이것을 다르게 표현하면 이렇다. 즉 "복음 안에서 하나님의 안식에 들어가는 약속이 신자들에게 아직 남아 있다. 그들은 믿음으로 안식에 대한 약속을 받아들임으로써 안식에 들어간다." 히브리 신자들에게는 이 점을 주지시키는 것이 더욱 필요했다. 그들은 전이나 지금이나 가나안 땅에서 살고 있었지만 그들의 조상들은 불신앙 때문에 하나님의 안식에 들어가지 못했다. 그들의 후손은 지금 새로운 시련을 겪고 있다. 새로운 안식이 약속을 통해 그들에게 제시되었다. 사도는 앞서 히브리서 3장에서 인용한 시편 95편의 증언을 통해 이 점을 입증했다.

히브리서 신자들에게 시편 95편을 적용하는 것은 심각한 반론에 부딪힐 가능성이 크다. 다윗이 언급한 '안식'은 과거부터 오랫동안 이어져 온 것처럼 보였을 것이다. 따라서 그런 경우라면, 히브리 신자들은 그것에 새로운 관심을 기울일 필요도 없고, 그것에 이르지 못할 위험도 없었을 것이다. 사도의 목적은 그런 반론을 제거하고, 자신이 앞서 말한 내용을 확증하는 것이었다. 그는 그런 목적을 위해 시편 95편을 직접 인용함으로써 그것이 처음에 기록될 당시와 거기에 언급된 사람들을 염두에 두고, 그 말씀의 올바른 의미(이 시편이 말씀하는 '안식'이 그가 히브리 신자들에게 제시한 안식, 곧 복음 안에서 하나님의 백성이 누리는 하나님의 안식을 가리킨다는 것)를 밝히려고 노력했다.

사도가 자신의 의도를 밝히고 자신의 목적을 확립하기 위해 주장한 일반적인 논증은 구약성경에 언급된 하나님과 그분의 백성이 누리는 다양한 '안식들'을 열거하는 것으로 이루어졌다. 그는 그 모든 것을 고려함으로써 다윗이 시편 95편에서 말한 안식이 그리스도를 믿는 모든 신자가 들어가게 될 복음의 안식을 가리킨다는 것을 입증했다. 그는 제거의 방식을 이용해 뛰어난 논리로 그런 결론을 도출해 냈다. 첫째, 시편 95편에 '약속된' 안식(히 4:1)은 창조 사역을 마치신 하나님의 안식도 아니고, 그 뒤에 나타난 안식일의 안식도 아니었다(4-6절). 둘째, 그것은 여호수아가 이스라엘 백성을 이끌고 들어갔던 가나안의 안식도 아니었다(7-8절). 그것은 신자들이 누릴 수 있도록 남아 있는 영적 안식을 가리켰다(8-10절). 이 점을 좀 더 자세하게 설명하면 다음과 같다.

신자들이 누리는 영적 안식

히브리서 4장 3절에서 세 가지가 발견된다. 첫째, "이미 믿는 우리들은 저 안식에 들어가는도다"라는 구절 안에 사도의 의도가 모두 담겨 있다. 둘째, 그런 사실이 "내가 노하여 맹세한 바와 같이 그들이 내 안식에 들어오지 못하리라 하셨다"라는 말씀을 통해 뒷받침된다(시 95:11 참조). 셋째, 사도는 자신의 주장을 온전히 확증하며 자신이 끌어낸 증거를 자기가 의도했던 것에 적용했다. "세상을 창조할 때부터 그 일이 이루어졌느니라." 신자들이 그리스도를 믿는 믿음을 통해 들어가는 '안식'(요 16:33 참조)은 다름 아닌 하나님의 영적 안식을 의미한다. 그것은 천국에서의 영원한 안식에만 국한되지 않는다(영원한 안식은 그 열매다). 하나님은 그리스도와 그분의 백성 안에서 안식하신다(사 42:1; 습 3:17).

"그들이 내 안식에 들어오지 못하리라"(히 4:3). 그렇다면 이 말씀은 앞 구절에서 말한 내용을 어떻게 확증할까? 그 방식은 두 가지다. 첫째는 논리적 규칙을 통해서다. 서로 반대되는 속성을 지닌 것들을 직접 대조해 하나는 확증하고 다른 하나는 부인하거나, 하나는 부인하고 다른 하나는 확증하는 것은 잘 알려진 논법이다. 예를 들어 내가 '낮'이라고 말하면 그것은 곧 '밤'이 아니라는 사실을 확증하는 의미를 지닌다. 따라서 믿지 않는 자들이 하나님의 안식에 들어가지 못한다는 것은 곧 믿는 자들은 그 안에 들어간다는 사실을 확증한다. 둘째는 믿음의 유추를 통해서다. 이것은 모든 경고에는 약속이 포함되어 있고, 모든 약속에는 경고가 포함되어 있다는 뜻이다.

"세상을 창조할 때부터 그 일이 이루어졌느니라"(3절). 사도는 복음의 안식을 주장한 자신의 말에 대해 반론이 있을 것을 예상하고, 이 말씀으로 그에 대한 대답을 제시하기 시작했다. 모든 '안식'이 수고를 전제로 한다. 따라서 하나님의 '안식'도 그 전에 사역이 먼저 이루어졌다는 것을 의미한다. 창세기 2장 2절에 따르면, 하나님은 안식하기 전에 엿새 동안 창조 사역을 하셨다. 사도는 "제칠일에 관하여는 어딘가에 이렇게 일렀으되 하나님은 제칠일에 그의 모든 일을 쉬셨다 하였으며"

(히 4:4)라는 말로 그 사실을 언급했다.

존 오웬이 확실하게 지적한 대로, 여기에서 말하는 하나님의 안식은 절대적인 의미에서 그분 자신에게 해당하는 안식이 아니라 하나님의 피조물들에게 주어져 그분과 더불어 누리도록 작정된 안식을 가리킨다. 이것이 사도가 히브리서 본문을 통해 말하려는 요지다. 그는 자신이 인용한 말씀 전체(창 2:2, 3)를 상기시킨다. 그 말씀대로 하나님은 일곱째 날에 안식하셨을 뿐 아니라 인간의 안식을 위해 그날을 "복되게" 하셨다. 이처럼 사도는 안식을 자연 법칙 아래 있는 인간의 상태와 관련지어 다루었다.

"또다시 거기에 그들이 내 안식에 들어오지 못하리라 하였으니"(히 4:5).

"거기"는 사도가 설명을 곁들여 히브리 신자들에게 적용한 시편 95편을 가리킨다. "또다시"라는 말은 사도가 하나님의 두 번째 "안식"과 그분이 자기 백성이 안식에 참여할 것을 제안하셨다는 사실을 암시하고 있음을 나타낸다. 하나님은 창조 사역을 마치고 일곱째 날에 안식하셨으며, 자기의 피조물들을 위해 그날을 안식의 날로 복되게 하셨다. 그리고 나서 하나님은 '또다시', '내 안식'을 언급하셨다. 이것은 시편 95편이 말씀하는 대로 또 다른 경우, 곧 이스라엘 백성이 광야에서 생활할 때를 가리킨다(시 95:8). 하나님은 자기 백성을 애굽에서 구원해 홍해를 건너게 하심으로써 또 한 차례의 기적적인 사역을 마치셨다. 그리고 나서 그분은 그들과 언약의 관계를 맺으셨고(시내산), 율법을 새롭게 하셨으며, 그들에게 가나안의 안식을 제안하셨다. 여기에서 이스라엘 백성에게 영적 안식이 제안되었다는 사실이 사도가 "그들은 내 안식에 들어오지 못하리라(they should not enter into my rest)"(시 95:11)라는 시편 저자의 말을 "그들이 내 안식에 들어오려면(if they shall enter)"으로 바꾼 사실을 통해 분명하게 드러난다(킹 제임스 성경 참조-역자주). 즉 이는 순종하지 않은 사람들은 배제되었지만, 하나님의 조건에 순응하는 사람들은 그분의 안식에 들어갈 수 있다는 뜻이다.

좀 지루하게 느껴지더라도, 이 말씀을 옳게 이해하기 원하는 사람들을 위해 지금까지 다룬 사도의 논증을 다시금 간단하게 요약하면 다음과 같다.

어떤 사람들(신자들)은 세상이 창조된 때부터 하나님의 안식에 들어갔다. 따라서 시편 저자가 오랜 세월이 흐른 뒤에 말한 안식은 그것과는 다른 안식을 가리키는 것이 분명하다. 나중에 사도의 논증을 통해 좀 더 분명하게 드러난 대로, 아브라함의 후손들에게는 그 안식에 들어가라는 새로운 초청이 주어졌다. 처음부터 아예 안식을 부인하면 사도의 논증을 가능하게 만드는 근거가 사라지고 만다. 세상이 창조된 때부터 안식이 존재하지 않았다면, 그가 굳이 시편 95편에 언급된 안식이 본래의 안식이 아니었다는 것을 입증하려고 애쓸 필요가 없지 않겠는가? 사도가 시편 95편을 또다시 언급한 목적은 다윗이 말한 '안식'이 세상이 처음 창조될 당시에 정해진 안식이 아니라 그보다 훨씬 뒤에 나타난 안식이라는 것을 입증하는 것이었다.

앞서 말한 대로, 나중에 나타난 두 번째 '안식'은 가나안의 안식이었다. 이 안식은 단지 광야 생활을 모면한 외적인 안식이 아니라 하나님의 영적 안식에 참여하는 것을 의미했다. 무엇이든 당연시하는 것은 옳지 않기 때문에 이에 대한 증거를 몇 가지 제시하는 것이 좋을 듯하다.

모세의 시대에도 하나님의 안식이 존재했다. "여호와여 일어나사 주의 권능의 궤와 함께 평안한 곳으로 들어가소서"(시 132:8)가 그 안식을 비는 기도였다. 언약궤는 하나님의 임재와 안식을 나타내는 상징이자 증거였다. 이 하나님의 '안식'은 이스라엘을 가나안에 정착시킨 그분의 위대한 사역이 끝나고 난 후에 이루어졌다. 하나님은 그곳에 자신에 대한 예배를 확립하고 나서 "이는 내가 영원히 쉴 곳이라 내가 여기 거주할 것은 이를 원하였음이로다"(시 132:14)라고 말씀하셨다.

하나님이 영광스러운 창조 사역을 마쳤을 때와 비슷한 방식으로 안식에 들어가시고 나자 두 가지 일이 잇달아 일어났다. 첫째, 백성들에게 하나님의 안식에 참여하라는 초청과 독려가 주어졌다. 이것이 사도가 히브리서 3-4장에서 다룬 것이다. 그들이 그 안식에 들어갈 수 있는 조건은 믿음과 복종이었다. 그들 가운데 일부는 불신앙 때문에 안식에 들어가지 못했지만 다른 사람들은 여호수아의 인도 아래 안식에 들어갔다. 둘째, 하나님과 그분의 백성이 누리는 안식은 안식일의 제정을 통해 구체적으로 드러났다. 하나님이 자신이 확립하신 예배 체제 안에 임재해 안식하신 것이 그 증거요 표징이었다. 안식일은 예배의 날을 엄숙하게 지켜 하나님의 영원한 안식에 들어가게 하기 위한 수단으로 계획된 것이다. 따라서 일곱째 날은 이스라엘 민족에게 하나님이 그들의 하나님이시고, 그들은 그분의 백성이라는 것을 보여주는 특별한 표징이었다.

하나님의 두 번째 안식과 관련된 날이 그분의 첫 번째 안식과 똑같이 일곱째 날에 이루어진 것은 사실이다. 그러나 그것은 새로운 사실들과 목적에 근거한 또 다른 안식일이었다. 안식일의 변경은 아직 이루어지지 않았다. 그 이유는 이스라엘과 언약의 관계를 맺고, 그들을 가나안으로 인도하고, 그들 가운데 예배를 확립하신 하나님의 사역이 아직 이루어지지 않은 또 다른 안식과 사역을 위한 준비 단계에 해당했기 때문이다. 본래의 안식일에 덧붙여진 행위의 언약은 아직 폐지되지 않고 새롭게 수정되었을 뿐이기 때문에 안식의 날도 바뀌지 않았다.

새로운 안식은 독특한 특징을 지녔다

사도는 시편 95편이 하나님의 세 번째 안식이 있을 것을 예언적으로 암시하고 있다고 주장했다. 그것은 하나님의 백성이 들어갈 안식, 곧 메시아와 더불어 누리는 특별한 안식을 가리킨다. 사도는 히브리 신자들에게 그 안식을 제시하고, 거기에 들어가라고 권고했다(히 4:11). 이 세 번째 안식의 상태는 이전의 두 안식보다 우월하고 독특했다.

이 안식의 특징은 세 가지였다. 첫째, 하나님의 위대한 사역이 완성되었고, 하나님이 자기의 안식에 들어가셨다. 둘째, 그것에서 믿는 자들이 들어가게 될 영적 안식이 비롯되었다. 셋째, 새로운 안식의 날이 하나님의 안식을 나타냈고, 신자들의 참여를 보증하는 표징이 되었다. 이것들을 좀 더 자세히 살펴보면 다음과 같다.

"그러면 거기에 들어갈 자들이 남아 있거니와 복음 전함을 먼저 받은 자들은 순종하지 아니함으로 말미암아 들어가지 못하였으므로"(6절).

사도는 예리한 결론을 끌어내면서 그것이 조건적인 경고 안에는 항상 약속이 포함되어 있다는 원리에 근거한다는 점을 신중하게 지적했다.

"그들은 내 안식에 들어오지 못하리라"라는 시편 저자의 말이 '그들이 내 안식에 들어오려면'이라는 조건 충족의 의미를 지니지 않는다면, '들어갈 자들이 남아 있거니와'라는 말이 아무런 의미도 지닐 수 없다. 불신앙이나 '불순종' 때문에 안식에 들어가지 못한 자들은 애굽에서 나온 이스라엘 성인들을 가리킨다. 그들이 잃어버린 가나안의 안식은 그리스도 안에서 신자들이 누리는 안식의 예표였다.

"오랜 후에 다윗의 글에 다시 어느 날을 정하여 오늘이라고 미리 이같이 일렀으되 오늘 너희가 그의 음성을 듣거든 너희 마음을 완고하게 하지 말라 하였나니"(7절).

사도는 이 구절에서 조금 전에 새 안식과 새로운 안식의 날이 하나님의 백성에게 남아 있다는 것과 자신이 그들에게 제시한 안식에 관해 스스로 확증한 것을 한 번 더 확증했다. 하나님은 태초에 안식일을 제정하고, 광야에서 이스라엘 백성에게 안식을 제안하고 나서 '또다시' 또 다른 안식의 날을 제정하고, 의도하고, 결정하셨다. 이 안식은 이전의 것과는 다른 복음의 안식이다.

사도가 이 구절에서 자신의 용어를 바꾸어 표현한 사실에 주목하라. 그는 하나님이 특별한 안식만을 제정하고 정하신 것이 아니라 '날'을 정하셨다고 말했다.

그 이유는 하나님이 또 다른 세 번째 '안식'만이 아니라 또 다른 '날'을 새로운 안식의 표징으로 결정하셨다는 것을 보여주는 것이 그의 목적이었기 때문이다.

7절에서 전개된 사도의 논증은 이 '날'이 결정된 시점에 초점을 맞춘다. 만일 이스라엘이 예표적인 성격을 띤 가나안의 안식에 들어가기 전에 모세가 시편 95편에 기록된 다윗의 말을 한 주인공이라면, 그 말은 그 당시의 이스라엘 민족에게 해당하는 것이고, 그들을 위한 권고였다고 생각해야 할 것이다. 그러나 하나님이 이 말씀을 시편 저자에게 허락하신 때는 '오랜 후', 곧 모세 이후로 수백 년이 지난 때였다. 결국 이 안식은 가나안의 안식이 아닌 또 다른 안식, 유대인의 안식일이 아닌 또 다른 '날'과 관련이 있는 것이 분명하다. 따라서 이 (세 번째) 하나님의 안식에 들어갈 약속이 아직 남아 있다. 우리는 불신앙과 불순종으로 인해 이 안식에 들어가지 못하는 결과가 나타나지 않도록 주의해야 한다.

"만일 여호수아가 그들에게 안식을 주었더라면 그 후에 다른 날을 말씀하지 아니하셨으리라"(8절).

사도는 이 구절을 통해 예상되는 반론을 논박하고, 구체적인 적용을 통해 자신의 논증을 더욱 강하게 확증한다. 즉 그는 또 다시 다윗의 말을 근거로 한 자신의 논증, 곧 복음 안에서 신자들에게 안식이 제시되고 준비되었다고 주장했다.

이런 주장에 대해 히브리 신자들은 "애굽에서 나온 사람들은 약속된 하나님의 안식에 들어가지 못했지만 그 이후의 세대는 여호수아의 인도 아래 거기에 들어갔는데 이 안식이 우리에게 제시되고, 또 이것을 잃지 말라는 경고가 주어진 이유가 무엇인가?"라는 반론을 제기할 수도 있었다. 그러나 이런 반론은 하나님이 다윗을 통해 여호수아 이후 오랜 세월이 지나고 나서 이스라엘 백성에게 '또 다른 안식의 날'을 제시하셨고, 다윗의 시대에는 그런 새 안식일이 제정되지 않았기 때문에 그의 말을 예언으로 이해해야 한다는 논리로 간단하게 논박할 수 있다.

이처럼 히브리 신자들과 우리에게 새로운 안식과 그 안식을 기념할 '또 다른 날'이 주어졌다.

"그런즉 안식할 때가 하나님의 백성에게 남아 있도다"(히 4:9)

"그런즉 안식할 때(안식일을 지켜야 할 때)가 하나님의 백성에게 남아 있도다." 사도가 지금까지의 논증을 통해 결정적으로 확립한 것이 이 말씀 안에 간결하게 요약되어 있다.

여기에 요약된 내용은 세 가지다. 첫째, 하나님의 백성이 그분과 함께 누릴 거룩한 영적 안식이 남아 있다. 둘째, 그런 안식을 기념하고, 거기에 들어갈 수 있는 수단인 안식일이 복음시대에 계속된다. 셋째, 옛 언약 아래에서 유지되어 온 안식일과 다른 '또 다른 날'이 필연적으로 주어졌다. 사도는 "기다리고 있다"거나 "안식일을 지킬 때가 아직 이르지 않았다."가 아니라 "남아 있도다."라고 말했다. 이 말은 미래의 일이 아닌 현재의 일을 가리킨다. 이 용어는 "다시 속죄하는 제사가 없고"(히 10:26)라는 부정문에 사용되었을 때도 이와 똑같은 의미를 지닌다. 이런 사실이 히브리서에 언급되어 나타나는 것은 참으로 놀랍기 그지없다. 레위기의 제사장 제도는 폐지되었고, 성전은 더 이상 존재하지 않으며, 유대교는 사라졌지만, 안식은 남아 있다.

아울러 사도는 9절에서 또다시 자신의 용어를 의도적으로 바꾸었다. 9절의 "안식"은 1, 3, 5, 8, 10절에서 사용된 "안식"과는 전적으로 다르다. 『Revised Version, 개정역 성경』은 헬라어 '사바스티스모스'(Sabbatismos)의 뜻을 살려 "안식일의 안식이 하나님의 백성에게 남아 있도다"라고 번역했다.

이것은 사도가 자신이 주장하려는 요점을 나타내기 위해 만든 용어다. 이 용어는 안식 자체와 그것의 표징인 '또 다른 날'이 지정된 것을 나타낸다. 다시 말해 이 용어는 우리가 하나님 안에서 누리는 안식과 그것을 상징하는 날을 의미한다. 안식일의 안식이 남아 있다. "남아 있다"라는 말은 다른 것들(원시적인 안식일과 유대교의 안식일)이 철회된 상태에서 남아 있는 것, 곧 변하지 않고 계속되는 것(즉 세상의 끝날까지 지속될 기독교의 안식일)을 가리킨다. 하나님의 성령께서는 분명하고, 명료하고, 확실하게 "안식일을 지켜야 할 때가 남아 있다."라고 말씀하셨다.

이보다 더 단순하고 더 분명한 것은 없다. 이 말씀은 "하늘의 부르심을 받은 거룩한 형제들"(히 3:1)에게 주어진 것이다. 따라서 분명히 말하건대 기독교의 안식일이 없다고 주장하는 것은 신약성경의 가르침을 정면으로 부인하는 것이다.

지금까지 안식일의 기독교화에 관한 논의를 통해 성경을 근거로 확립하려고 시도했던 것은 두 가지다. 첫째, 하나님이 기독교 시대를 위해 정하신 안식일이 존재한다. 하나님의 백성은 이 기독교의 안식일을 거룩하게 지키며 즐거워해야 한다. 둘째, 이 기독교의 안식일은 구약 시대에 기념했던 안식일과는 다른 날에 지키는 것이다. 신약성경에서 이 사실을 입증하는 가장 결정적인 증거 구절은 히브리서 4장 8-10절이다. 이것이 이 구절과 그 배경을 주의 깊게 설명하려고 애쓰는 이유다.

히브리서 4장 9절은 "그런즉 안식할 때(안식일을 지켜야 할 때)가 하나님의 백성에게 남아 있도다"라고 분명하게 선언한다. 이 구절보다 더 단순하고 더 분명한 성경 구절은 없다. 이 구절이 유대교에 대한 기독교의 우월성을 주제로 다룬 서신서에서 발견된다는 사실은 매우 흥미롭다. 사도는 그리스도(기독교의 중심이자 생명)께서 천사들, 아담, 여호수아, 아론을 비롯해 레위기의 율법 체제보다 더 우월하시다는 것을 입증함으로써 이 주제를 발전시켰다. 히브리서는 "하늘의 부르심을 받은 거룩한 형제들"(히 3:1)에게 주어진 서신이다. 따라서 히브리서 4장 9절이 기독교의 안식일을 가리킨다는 것은 부인할 수 없는 사실이다. 따라서 다시 한 번 분명히 말하지만, 기독교의 안식일이 존재하지 않는다고 주장하는 것은 신약성경의 가르침을 정면으로 부인하는 것이다.

"그런즉 안식할 때(안식일을 지켜야 할 때)가 하나님의 백성에게 남아 있도다." 사도는 이 구절과 다음 구절을 통해 히브리서 4장에서 논의한 하나님과 그분의 백성이 누리는 다양한 안식 사이에 완벽한 유사성이 존재한다는 것을 보여주었다. 첫째, 태초에 하나님은 창조 사역을 마치고 안식하셨다. 거기에서 그분의 피조물이 누리는 안식이 비롯했고, 인간은 하나님의 창조 사역을 생각하며 그분을 예배해야 했다. 그 목적을 위해 하루가 특별히 지정되었다. 이것이 곧 원시적인 안식일이다. 둘째, 하나님은 이스라엘 백성을 애굽에서 구원해 그들을 가나안에 정착시키는 위대한 사역을 이루셨다. 그 결과, 그들은 하나님의 안식에 들어가 그분을 예배했고, 안식과 예배를 위한 안식일이 제정되었다. 이것은 곧 모세의 안식일이다.

이제는 복음 아래 이 모든 것을 포괄하는 안식이 존재한다. 하나님이 가장 위대한 또 하나의 사역을 마치셨고, 안식에 들어가셨다. 그 사역에 근거해 믿는 자들에게 주어지는 영원한 영적 안식의 약속이 주어졌고, 그런 안식과 약속을 나타내는 새로운 안식의 날이 제정되었다. 이것이 곧 기독교의 안식일이다. 그리스도의 구원 사역은 하나님의 백성을 위한 이 안식을 안전하게 보장할 뿐 아니라 그것을 기념하기 위한 새로운 안식일이 제정되는 결과를 낳았다.

이런 사실이 사도가 말한 두 가지 논거를 통해 분명하게 드러난다. 첫째, 그는 '날'이라는 용어를 사용함으로써 복음의 안식을 가리켰다(8절). 둘째, 그는 '사바티스모스'(Sabbatismos)라는 용어를 만들어 신자의 영적 안식과 안식일을 지켜 그것을 기념하는 것을 모두 나타냈다.

"이미 그의 안식에 들어간 자는 하나님이 자기의 일을 쉬심과 같이 그도 자기의 일을 쉬느니라"(10절).

이 말씀은 그 자체로 명료하고 단순하지만 그 의미를 심각하게 왜곡하는 주석학자들이 많다. 이 말씀은 흔히 신자들이 복음을 믿는 믿음을 통해 하나님의 안식에 들어가는 것을 가리키는 의미로 이해된다. 그러나 이 견해는 두 가지 점에서 오류가 있다. 첫째, 이 구절은 '그의 안식에 들어간 자들'이 아니라 "그의 안식에 들어간 자"라고 분명하게 말씀한다. 둘째, 만일 이것이 신자를 가리킨다면 그가 과연 무슨 "일"을 쉰다는 뜻일까? 그것이 그들의 '죄'를 가리킨다고 말하는 사람들도 있고, 하나님의 인정을 받을 생각으로 애쓰는 율법적인 노력을 가리킨다고 말하는 사람들도 있다. 또 어떤 사람들은 그것이 신자들이 모든 슬픔과 고난에서 벗어나 천국에서 안식을 누린다는 의미라고 생각하기도 한다. 그러나 그들이 그런 일을 그치고 쉰다고 한다면 어떻게 "하나님이 자기의 일을 쉬심과 같이"라고 말하는 것이 가능할까? 이 질문에 만족스러운 대답을 제시하기는 거의 불가능하다. 사실 이 구절은 신자들이 아닌 그리스도를 가리킨다.

"(왜냐하면) 이미 그의 안식에 들어간 자는 하나님이 자기의 일을 쉬심과 같이 그도 자기의 일을 쉬느니라." 여기에서 사도는 신자들에게 남아 있는 "안식"(히 4:3)과 하나님이 이 시대를 위해 정하신 새로운 날에는 이전의 안식과 안식일에서는 발견되지 않는 새롭고 특별한 근거가 존재한다고, 곧 이 안식의 창시자께서 자기 일을 마치고 안식에 들어가셨다고 선언함으로써 자신의 논증을 결론짓는다. 이 구절이 그리스도를 가리킨다는 증거는 많다. 첫째, 이 구절은 '왜냐하면'이라는 접속사로 시작한다. 여기에는 새로운 '사바티스모스'(Sabbatismos)가 하나님의 백성에게 남아 있는 이유를 밝히는 의미가 담겨 있다. 사도가 앞에서 말한 대로 하나님의 사역에 근거하지 않는 안식은 존재하지 않는다. 새로운 안식도 그런 근거가 있어야 하고, 실제로 그런 근거가 존재한다. 그것은 바로 교회를 세우신 주님의 사역이다

(3:3-4).

둘째, 대명사가 복수에서 단수로 바뀐 것도 위와 똑같은 사실을 암시한다. 사도는 히브리서 4장 1-3절에서는 "우리"를 사용했지만 10절에서는 "그"를 사용했다. 이것이 특히 눈에 띄는 이유는 "그"를 사용한 구절 바로 앞 구절이 "하나님의 백성"이라는 표현을 사용하고 있기 때문이다. 그들은 세상에 남아서 자신들의 일을 계속한다. 따라서 이 구절이 그들을 가리키지 않는 것이 분명하다. 이처럼 대명사의 수가 변화한 것은 한 사람의 개인을 지칭하기 위해서라고밖에 달리 이해하기 어렵다.

셋째, 3절과 8절처럼 '안식에 들어간 자'가 아닌 "그의 안식에 들어간 자"라고 말한 것에 주목하라. 하나님은 '내 안식'이라고 말씀하셨고, 여기에서는 "그의 안식(곧 그리스도의 안식)"이라고 말했다.

넷째, 이 구절은 옛 창조의 사역과 새 창조의 사역을 나란히 병행시킨다. 사도는 이 둘을 직접 비교했다. ① 창조 사역의 주체: 전자는 창조주 하나님이시다. 그분은 "제칠일에 그의 모든 일을 쉬셨다"(4:4). 그와 마찬가지로 "그(그리스도)도 자기의 일을 쉬신다"(4:10 참조). ② 전자와 후자가 이룬 성과: 두 사역 모두 제각기 자기의 일을 했다. 두 사역 모두 창조적이고, '심히 좋았다.' ③ 전자와 후자의 안식: 두 사역은 서로 조화를 이룬다. 따라서 편견이 없는 독자라면 누구나 10절에 언급된 "그"가 예수 그리스도를 가리킨다는 것을 분명히 알 수 있다.

10절에 언급된 복된 "그"는 다름 아닌 새 창조의 주체이신 주 예수님이시다. 그래야만 인과 관계를 나타내는 접속사가 의미를 지닌다. 하나님의 백성에게 '사바티스모스'(Sabbatismos)가 남아 있는 이유는 그리스도께서 자기의 안식에 들어가셨기 때문이다.

그리스도의 안식은 무엇인가?

이번에 생각해봐야 할 문제는 "그의 안식이 무슨 의미인가?"라는 것이다. 이것은 무덤 속에 계시는 그리스도를 의미하지 않는다. 그분의 시신은 그곳에 짧은 시간 동안만 머물러 있었다. 그것은 예수님이 중보자이자 교회의 설립자로서 취하신 안식과는 아무런 상관이 없다. 그 이유는 두 가지다.

첫째, 예수님이 무덤에 머무신 것은 그분의 자기 비하의 일부다(사 53:9). 둘째, 예수님의 영혼과 육체가 분리된 것은 형벌, 곧 그분이 감당하신 율법의 형벌에 해당한다. 그분은 부활하기 전까지는 "사망의 고통"에서 벗어나실 수 없었다(행 2:24).

그리스도께서는 승천하실 때 안식에 들어가지 않으셨다. 그것은 그분이 자기의 영광 안으로 들어가 자신의 영광을 공적으로 온전하게 드러내신 사건이었다. 그리스도께서 안식에 들어가신 것은 부활을 통해서다. 그리스도께서는 그 순간에 율법의 권세와 그것을 섬겨야 할 의무에서 해방되셨고, 우리가 지은 죄의 빚에서 놓여나셨다. 구원 사역에 관한 모든 예언과 예표가 성취된 것이나 그분이 "약속하신 성령"(행 2:33)을 받고, "능력으로 하나님의 아들로 선포"되어(롬 1:4) 그분의 인격 위에 교회의 기초가 놓인 것도 바로 그 순간이었다. 하나님은 그리스도를 향해 "너는 내 아들이라 오늘 너를 낳았다"(행 13:33)라고 말씀하셨고, 그 사실을 만민에게 밝히 드러내셨다. 우리가 이 장에서 많은 도움을 받고 있는 존 오웬은 이렇게 말했다.

"새 창조의 창시자이신 성자께서 자신의 사역을 마치고 자기의 안식에 들어가셨다. 모두가 잘 알다시피 이 일은 한 주간의 첫째 날 아침에 일어났다. 그로써 성자께서는 신약 시대를 위해 거룩한 안식의 날을 한정해 정하셨다. 지금은 옛 언약(시내산 언약)이 완전히 폐지되었기 때문에 하나님과 인간의 안식을 가리키는 표징이었던 날도 사라졌다. 태초의 안식은 하나님의 사역에 근거했다. 그 사역의 결과로, 일곱째 날에 하나님의 안식이 이루어졌다.

왜냐하면 그날이 하나님이 사역을 마치신 날이었기 때문이다. 그날은 모세 언약을 통한 율법 시대에도 계속되었다. 우리의 안식을 위한 토대는 주님이신 그리스도의 안식이다. 그분은 옛 언약을 변경하고, 그것에 덧붙여진 안식의 날을 한 주간의 첫째 날로 바꾸어 정하셨다. 그날에 그분은 자신의 사역을 마치고 자기의 안식에 들어가셨다.

주님이신 그리스도께서는 사도들에게 성령을 보내 기적적인 은사들을 베풀게 하심으로써 자신의 사역과 안식의 토대 위에 자기의 교회를 세우려고 의도하셨고, 그 의도를 그날에 실행에 옮기셨다. 그 일은 오순절에 유대인 제자들 가운데서 일어났는데, 당시에 제자들은 그분의 부활을 통해 정해진 날을 지키기 위해 한마음으로 함께 모여 있던 상황이었다(행 2:1). 그들의 복종은 축복을 통해 인정되었고, 그들이 즉시 이뤄야 할 사역을 수행할 능력이 그들 개개인에게 영광스럽게 주어졌다."

그리스도께서 들어가신 안식이 복음 안에서 그분의 백성들에게 제공된다. 이것이 이 귀한 구절의 가르침이고, 그것을 통해 명백하게 드러난 사실이다. "안식할 때(안식일을 지켜야 할 때)가 하나님의 백성에게 남아" 있는(히 4:9) 이유는 그리스도께서 자기의 안식에 들어가셨기 때문이다. 다른 안식들(역사가 시작할 때의 안식과 이스라엘 공동체가 확립되었을 때의 안식)이 하나님의 사역과 안식에 근거했고, 그로 인해 이스라엘 백성이 지켜야 할 안식일이 정해졌던 것처럼 새로운 안식도 그리스도, 곧 만물을 창조하신 성자 하나님의 사역과 안식에 근거했고(히 3:3-4), 그로 인해 우리가 지켜야 할 안식일이 정해졌다. 그날은 그리스도께서 자기의 안식에 들어가셨던 한 주간의 첫째 날이다.

11절을 간단히 살펴보기에 앞서, 일부 사람들이 어려움을 느끼는 문제를 잠시 생각해 보자.

신약 시대를 위해 지정된 안식일이 존재한다는 것은 분명하다. 이에 대해 어떤 사람들은 "그것은 '하나님의 백성'(9절)을 위한 것이고, 불신자들의 경우는 어떻게 되는가?"라고 물을 수 있다. 첫째, 하나님이 불신자들에게 한 주간의 첫째 날에 주님의 부활을 기념하라고 요구하신다는 증거가 성경에서 전혀 발견되지 않는다. 왜냐하면 그들에게 그리스도는 아무런 의미가 없기 때문이다. 둘째, 그러나 그들에게는 창조주요 통치자이신 하나님을 위해 안식일을 거룩하게 지키라는 명령이 주어졌다. 본래의 행위 언약은 취소되지 않았다. 그리스도 밖에 있는 사람들도 그 언약 아래 있다. 안식을 지키는 날이 변경되었지만, 하나님은 신자와 불신자를 막론하고 모든 사람에게 세상의 일을 중단하고, 안식일을 거룩하게 지키라고 요구하신다.

"그러므로 우리가 저 안식에 들어가기를 힘쓸지니…"(히 4:11)

"그러므로 우리가 저 안식에 들어가기를 힘쓸지니 이는 누구든지 저 순종하지 아니하는 본에 빠지지 않게 하려 함이라." 첫째, 사도는 여기에서 '사바티스모스'(Sabbatismos, 9절)가 아닌 '카타파우시스'(Katapausis, 1, 3, 5절)라는 용어를 사용했다. 이것은 사도가 다시 자신이 말하려는 권고의 말로 되돌아갔다는 것을 보여 준다. 4-10절을 삽입구로 이해하고, 11절을 3절과 직접 연결하면 전체적인 문맥을 파악하기가 훨씬 쉬울 것이다.

사도는 4장 첫 구절에서 "그러므로 우리는 두려워할지니 그의 안식에 들어갈 약속이 남아 있을지라도 너희 중에는 혹 이르지 못할 자가 있을까 함이라"라고 말했다. 그는 11절에서 두려워해야 할 이유를 밝혔다. 그것은 공포나 의심으로 인한 두려움이 아니라 하나님의 경고와 약속을 존중하는 경외심을 가리킨다. 그런 경외심을 소유한 사람은 경고한 일은 피하고, 약속한 것은 받아들이려고 부지런히 노력한다.

그리스도의 안식에 들어가려면 전력을 다해 노력하는 것이 필요하다. 우리는 그렇게 되기 위해 '힘써야', 즉 최선의 노력을 기울여야 한다. 사람들은 썩어 없어질 양식을 얻기 위해 온갖 노력과 수고를 아끼지 않는다. 생명의 양식을 구할 때도 그와 똑같은 열정과 노력이 필요하다. 영원한 영적 안식을 얻는 것이 인간의 본성에 적합한 쉬운 일이라고 가르치는 것은 사람들을 속이고 현혹하는 것이다. 죄를 죽이고, 자아를 부인하고, 오른손을 잘라내고, 온갖 종류의 고난과 박해를 견디는 일은 많은 시련이 뒤따르는 어렵고 고통스러운 일이다. 그리스도인의 미래 상태는 온전한 안식의 상태이지만 그의 현재 상태는 안식과 수고(하나님의 사랑과 은혜 안에서의 안식과 죄에 맞서 싸우는 수고)가 혼합된 상태다.

요약

지금까지 히브리서 본문을 주의 깊게 살펴보았다. 그것을 통해 배운 것을 간단히 정리하면 다음과 같다. 첫째, 히브리서 4장은 불신앙에 치우쳤던 옛 이스라엘 백성을 본보기로 삼아 강하게 경고한다(히 3:16-18). 둘째, 그들은 안식에 들어가지 못했지만 우리에게는 복음 안에서 하나님의 안식이 제시되었고, 믿는 자들은 그 안식에 들어간다(3절). 셋째, 사도는 하나님과 그분의 백성이 누리는 다양한 '안식들(태초의 안식, 모세 시대의 안식, 메시아 시대의 안식)'을 다루었다(4-10절). 넷째, 사도는 논의가 절정에 도달한 시점에서는 '안식'이 아닌 안식을 기념하기 위해 정해진 '날'을 강조했다. 그는 7절에서 하나님이 '어느 날'을 한정해 정하셨다고 선언했다(이것은 예언적인 의미를 지닌다). 그는 8절에서는 과거의 '일곱째 날'과 분명하게 구별되는 날이 제정되었다는 증거로 '다른 날'을 언급했다. 아울러 9절에서는 그 다른 날과 그것이 기념하는 안식을 '사바티스모스'(Sabbatismos, 안식일을 지키는 것)로 일컬었고, 10절에서는 안식일이 바뀐 이유(그날이 그리스도께서 안식에 들어가신 날이기 때문에)를 설명했다.

따라서 이제 우리는 시편 저자와 함께 "이날은 여호와께서 정하신 것이라 이날에 우리가 즐거워하고 기뻐하리로다"(시 118:24)라고 자신 있게 외칠 수 있다. "이제 우리는 구세주께서 이루신 것을 영원히 기념하기 위해 하나님이 정하신 날을 우리의 참된 안식일로 지킨다"(찰스 스펄전). 마지막에 인용한 시편 말씀은 주 예수님의 비하와 승귀, 즉 '그리스도의 고난과 그 이후의 영광'을 예고한 놀라운 예언의 일부다. 이 말씀은 신약성경에서 무려 여섯 차례나 인용되어 구세주에게 적용되었다. 예수님이 "건축자가 버린 돌"이자 "모퉁이의 머릿돌"로 묘사되었다(시 118:22).

어떻게 멸시를 당하듯 사람들의 발에 짓밟히는 '돌'이 '모퉁이의 머릿돌'이 될 수 있을까? 그 돌을 위로 들어 올리지 않고서는 그렇게 될 수 없다. 그리스도께서는 죽음을 정복하고 두 벽이 맞닿는 모퉁이의 머릿돌이 되셨다. 이는 그분이 부활을 통해 믿음을 가진 유대인들과 이방인들의 머리가 되셨다는 뜻이다. 시편 저자는 "이는 여호와께서 행하신 것이요 우리 눈에 기이한 바로다"(시 118:23)라고 말하고 나서 "이날은 여호와께서 정하신 것이라"라고 덧붙였다. 이보다 더 분명한 말씀이 또 어디에 있겠는가? 참으로 히브리서 4장 9, 10절과 완벽하게 일치하는 말씀이 아닐 수 없다. 하나님은 죽음에 대한 그리스도의 승리를 기념하게 하기 위해 그날을 정하셨다. 하나님은 "그날을 놀랍고 거룩하게 만들어 다른 모든 날과 구별하셨다. 그날이 주님의 날인 이유는 거기에 주님의 형상과 이름이 새겨져 있기 때문이다"(매튜 헨리, 1662-1714).

기독교의 안식일은 요한계시록 1장 10절에서 "주의 날"로 일컬어졌다. 그날이 그런 탁월함을 지니게 된 이유는 주님의 권위에 근거해 제정된 날이기 때문이다. 주님은 스스로를 "안식일의 주인"으로 일컬으셨다(막 2:28 참조). 그리스도께서는 사역을 마치고 한 주간의 첫째 날에 안식에 들어가심으로써 자신의 권위로 자기 백성이 어느 날에 안식일을 지켜야 할지를 결정하셨다. 그분은 우리를 위해 그날을 안식일로 정하셨다. 이 모든 증거를 외면하고, 한 주간의 첫째 날을 안식일로 지키는 것을 어떻게든 부인하려고 드는 사람들은 요한계시록 1장 10절의 "주의 날"이 그리스도께서 심판을 위해 오시는 날을 가리킨다고 주장함으로써 그 말씀을 곡해한다.

그러나 이 구절의 문맥은 그런 생각을 단호히 배격한다. 요한계시록 1장 10절에서부터 3장 마지막까지의 내용은 요한의 첫 번째 환상이 미래가 아닌 현재의 일을 다루고 있다는 것을 분명하게 알 수 있다. 더욱이 베드로후서 3장 10절의 "주의 날"과 요한계시록의 "주의 날"은 헬라어 원문이 서로 다르다. "주의 만찬"(고전 11:20)은 주님의 죽으심을 기념하고, "주의 날"은 그분의 부활을 기념한다.

그리스도인들이 한 주간의 첫째 날을 안식일로 지키는 이유를 간단하게 요약하면 다음과 같다. 첫째는 '여덟째 날'과 관련된 구약성경의 예표를 통해 이날이 분명하게 예고되었기 때문이다. 둘째는 새 언약이 옛 언약의 폐지를 상징하기 위해 새로운 안식의 날을 필요로 했기 때문이다. 셋째는 그리스도의 영예와 영광이 그날을 요구했기 때문이다. 하나님은 그날을 특별히 예배의 날로 정하고, 부활하여 높아지신 성자의 영광을 기리게 하셨다. 넷째는 그리스도께서 친히 본을 보여주셨기 때문이다. 부활하신 주님은 그날에 제자들에게 거듭 나타나셨고, 성령을 보내주심으로써 그날을 인정하셨다(요 19장; 행 2:1). 다섯째는 초대 교회가 그날을 기념했기 때문이다(행 20:7; 고전 16:1, 2). 그리스도의 부활 이후에 신자들이 한 주간의 첫째 날이 아닌 다른 날에 예배를 위해 모였다고 증언하는 구절은 신약성경 어디에도 나타나지 않는다. 여섯째는 하나님이 옛 안식과는 '다른 날'을 한정해 정하셨기 때문이다(히 4:9). 그리스도께서는 그날에 부활하여 안식에 들어가셨다(10절). 일곱째는 버려진 돌이 모퉁이의 머릿돌이 되었다는 말씀에 비춰볼 때, 하나님이 이날을 정하신 것이 분명하기 때문이다(시 118:24). 이런 이유로 이날은 신약성경에서 "주의 날"로 일컬어진다(계 1:10).

"안식일을 어떻게 준비해야 하는지를 살펴봐야 할 필요가 있다. 그 이유는 적절한 준비가 없으면 거룩한 안식의 날을 올바르고, 유익하게 지킬 수 없기 때문이다. '이 날은 준비일 곧 안식일 전날이므로'(막 15:42)라는 말씀이 구약성경이 아닌 신약성경(사복음서)에서 발견된다는 사실은 주목할 만하다. 이 거룩한 제도를 경솔하거나 부주의한 태도로 지키려고 해서는 안 된다. 세상의 일이나 집안일을 미리 잘 생각해서 지혜롭게 처리하고, 무엇보다도 마음을 준비하는 일에 힘써야 한다."

7장

안식일(주일)을 어떻게 지킬 것인가?

안식일은 태초에 에덴동산에서 제정되었고, 족장들에 의해 준수되었으며, 시내산에서 갱신되었다. 이스라엘 민족의 번영과 그들이 누리는 하나님의 축복은 이 거룩한 제도의 준수 여부에 따라 크게 좌우되었다. 신약성경을 통해 알 수 있는 대로, 그리스도께서는 안식일이 유대인만이 아니라 인간을 위해 있는 것이라고 가르치셨다. 그분은 '안식일의 주인'이시기 때문에 어느 날을 거룩한 안식의 날로 지켜야 할지를 결정할 권위를 지니셨다.

사도는 히브리서 4장에서 옛 언약 아래에서 유지되던 날과 '다른 날'이 기독교 시대의 안식일로 제정되었다는 것을 입증했다. 한 주간의 첫째 날이 주님이 중보자의 안식에 들어가신 것을 기념하기에 적합한 날로 정해졌다. 이런 사실이 초대 교회의 관습을 통해 분명하게 드러났다(행 20:7; 고전 16:1-2).

이번에는 "안식일(주일)을 어떻게 지킬 것인가?"라는 중요한 문제를 잠시 생각해 보기로 하자. 성경과 그 안에 담겨 있는 모든 가르침의 목적은 무엇일까? 그것은 말씀을 통해 선언된 교리적인 원리들에 부합하는 행위를 실천에 옮기는 것이다. 이것이 위대한 교사이신 주님이 제시하신 대원칙이다. 그분은 "너희가 이것을 알고 행하면 복이 있으리라"(요 13:17)라고 말씀하셨다. 우리가 성경의 진리를 배우는 목적은 그것에 일치된 행동을 하기 위해서다. 의무를 이행하지 않고 지식만 아는 것은 "불의로 진리를 막는"(롬 1:18) 것이고, 갑절의 죄책을 감당해야 할 일이다. 계명은 복종을 통해 실천에 옮겨져야 한다.

우리가 다루는 주제의 실천적 측면을 살펴보면 다음과 같다. 하나님의 지혜가 우리에게 임해 어느 쪽이든 극단에 치우치지 않게 되기를 기도한다. 인간의 본성을 알지 못하거나 이 문제와 관련된 역사와 문헌에 정통하지 못한 사람은 다른 문제와 마찬가지로 이 문제에 대해서도 균형을 유지하지 못할 위험이 크다. 바꾸어 말해, 한편으로는 안식일 준수와 관련해 불필요한 규칙들을 많이 만들어 그날의 신성성과 영성을 추구하려는 열정이 도를 넘음으로써 바리새인들이 저지른 오류에 치우쳐서도 안 되고, 다른 한편으로는 이 제도를 지나치게 자유분방한 의미로 받아들여 악하고 음란한 세대의 부패한 행위를 일삼음으로써 육신의 정욕을 채우려고 해서도 안 된다.

세상이 아무리 비웃고 비방해도 하나님의 거룩하심이 요구하는 엄격한 기준은 반드시 지켜야 한다. 하나님은 자신의 거룩한 안식일이 갈수록 심하게 멸시당하는 것을 불쾌하게 여겨 그에 대한 형벌로 기독교 세계가 혼란을 겪도록 섭리하신다. 오늘날 복음의 특권을 가장 많이 누린 국가들이 전쟁의 위기에 직면해 있다. 안식일을 더럽히는 행위가 이렇게 만연하게 된 가장 큰 책임은 교회에 있다. 교회는 강단에서 모든 율법을 배제했고, 입법부가 기준을 낮춰 주일을 더럽히는 행위를 법으로 인정한 것에 대해 제대로 항의하지 못했으며, 교인들마저 세속적인 삶을 살도록 방치했다.

지금이야말로 기독교 지도자들이 나서서 네 번째 계명을 충실하게 설명하고, 불경한 사람들의 왜곡된 의지와 비위에 맞춰 안식일의 의무를 적당히 조정하는 일을 중단해야 할 때다.

슬프게도 참된 경건이 쇠퇴하고 있다. 근본적인 토대들이 무시되고, 기준들이 낮아지고, 타협의 정신이 만연하다. "정의가 뒤로 물리침이 되고 … 성실이 거리에 엎드려졌다"(사 59:14 참조). 부패해져 가는 세상에 하나님의 계명을 서둘러 적용하지 않으면 배교 행위를 제재할 수 없다. 물론 인위적으로 계명을 부풀릴 필요는 없다. 청교도였던 오웬은 이렇게 말했다.

"나는 이 문제와 관련해 지금까지 오류가 있었고, 현재도 오류가 있다는 것을 부인할 생각이 없다. 분명한 지침이 주어졌지만, 거룩한 안식의 날을 준수하는 것(곧 안식일을 지키는 지침들이나 그것을 규정한 방식)이 성경에 충분한 근거나 증거가 없다고 생각하는 사람들이 적지 않다. 또 어떤 사람들은 도덕적인 안식일과 율법적인 안식일을 옳게 구별하지 못한다. 그 결과, 그들은 율법적인 안식일이 요구하는 것을 주일에 적용하려고 애쓴다."

균형 있게 적용해야 한다

어떻게 하면 안식일을 균형 있게 잘 지킬 수 있을까? 지나친 방임이나 지나친 엄격함에 치우치지 않으려면 어떻게 해야 할까? 바리새적인 과도함에 치우쳐 무거운 멍에를 짊어지거나 현대인들의 무법한 행위에 치우치지 않게 해줄 지침을 어디에서 찾을 수 있을까? 그동안 이 물음에 대해 만족스러운 대답을 찾으려고 오랫동안 부지런히 노력해 왔지만 확실하고 결정적인 대답을 발견하지 못했다. 나는 이 문제와 관련해 그릇 치우치지 않으려면, 일단은 네 번째 계명을 문자 그대로 엄격하게 준수하고, 그런 다음에는 이 계명을 새 언약의 정신에 따라 우리의 삶에 세부적으로 적용하는 것이 좋다고 생각한다.

이제 우리는 지금까지의 논의 과정에서 가장 중요한 단계에 도달했다. 저자와 독자들이 참되고 진지한 마음으로 안식일을 지키려는 마음이 없다면, 곧 주님을 기쁘시게 하고 우리의 영혼을 유익하게 하려는 생각이 없다면, 이 거룩한 제도가 오늘날 우리에게 구속력을 지닌다는 것을 입증하기 위한 지금까지의 노력이 아무런 소용이 없게 될 것이다. 그러나 우리의 당면 과제는 결코 쉽지 않다. 규칙을 너무 많이 만들어도 안 되고, 또 너무 단순화시켜도 안 된다.

나는 사람들을 피곤하게 만들 정도로 이 책의 논의를 지나치게 확대하고 싶지도 않고, 또 적지 않은 사람들이 고민하는 여러 가지 문제들과 관련해 별다른 도움을 주지 못할 정도로 논의를 짧게 단축하고 싶지도 않다. 안식일 준수에 관해 아무런 가르침을 받지 못한 사람들도 있고, 너무 많은 규칙이 부여된 탓에 심신이 단단하게 속박된 사람들도 있다. 따라서 나는 중간 입장을 견지하려고 노력할 것이다.

1) 안식일(주일)은 구별되어야 할 날이다

출애굽기 20장 8-11절에서부터 시작해 보자. "안식일을 기억하여 거룩하게 지키라"라는 말씀에서 알 수 있는 대로, 안식일의 가장 두드러진 특징은 거룩함이다. 이것이 안식일의 가장 중요하고 기본적인 특징이다. 안식일이 '주의 날'로 일컬어지는 이유는 주님의 영예와 영광을 위해 제정되었기 때문이다. 하나님이 그날을 정하고, 복되게 하셨다. 우리는 하나님을 예배하고 영적 활동을 함으로써 그날을 거룩하게 지켜야 한다.

이 거룩함은 외적 행위만이 아니라 외적 행위의 근원인 마음과 주로 관련된다. 마음으로 안식일을 거룩하게 지키지 않으면, 외적인 헌신은 아무런 가치가 없다. 엿새는 세상의 일을 하는 데 주로 사용하고, 일곱째 날은 영적인 목적을 추구하는 데 바쳐야 한다. 안식일을 거룩하게 지키려면 악한 것은 무엇이든 삼가야 할 뿐 아니라, 시간이나 정력과 같은 평범한 것들도 올바로 사용해야 한다.

"안식일을 기억하여 거룩하게 지키라." 그날의 일부가 아닌

전부를 거룩하게 지켜야 한다. 로마 가톨릭주의가 지배하는 나라들에 사는 신자들은 거짓에 현혹된 탓에 오전에만 잠시 종교적인 활동을 하고, 나머지 시간은 모두 먹고 마시며 노는 일에 사용한다. 슬프게도 그런 악이 개신교 교회들 가운데 갈수록 더 넓게 확산되고 있다.

영국은 아직 '유럽 대륙'만큼 불경스러운 상태는 아니지만 상당히 많은 신자들이 오전 예배에 참석했다가 오후와 저녁에는 친구들과 어울려 놀거나 자동차를 타고 돌아다니는 등 육신을 즐겁게 하는 속된 활동으로 시간을 보낸다. 주님은 그런 불경스러운 태도, 곧 덥지도 않고 차지도 않은 '미지근한' 태도를 역겨워하신다. 주일의 일부를 우리의 것으로 간주해 그런 식으로 보내는 것은 주님의 것을 빼앗는 것이다.

2) 안식일(주일)은 안식의 날이기 때문에 일해서는 안 된다
일하지 말라

출애굽기 20장 8-11절에서 발견되는 두 번째 사실은 안식일이 안식의 날이라는 것이다. "일곱째 날은 네 하나님 여호와의 안식일인즉 … 아무 일도 하지 말라." 예수님이 가르치고 몸소 보여주신 대로 이 금지 조항은 두 가지 예외가 있다. 하나는 생명과 건강을 지키는 데 꼭 필요한 일이고, 다른 하나는 사랑과 긍휼을 베푸는 일이다.

이 두 경우를 제외하고는 하나님이 금지하신 대로 손으로 하는 일이든 사무를 보는 일이든, 육체노동이든 정신노동이든 상관없이 일과 노동을 일체 중단해야 한다.

앞서 말한 대로, 이것은 피조물을 생각하시는 창조주 하나님의 은혜로운 처사다. 쉬지 않고 일하는 것은 건강에 해롭다. "안식일은 사람(곧 인간의 행복)을 위해 있는 것이다." 인간은 매주 하루는 휴식해야 한다. 이 법칙은 남편이나 아내, 주인이나 종, 짐을 나르는 가축 등 모두에게 구속력을 지니며 똑같이 적용된다.

또한 이 법칙은 우리의 공적 생활은 물론 개인 생활에도 똑같이 적용되며, 집 안에서나 집 밖에서나 동일한 구속력을 지닌다. 상인이 그날에 장부를 정리하거나 사업상의 서신을 쓰거나 농부가 밖에 나가 밭을 갈거나 옥수수를 심는 것은 거룩한 안식일을 바로 지키지 못하는 것이다. 주부가 주일에 일주일치 밀린 빨래를 모두 하는 것도 마찬가지다. 주부에게는 오히려 주일이 일주일 가운데서 가장 힘든 날이 될 수 있다.

영적 활동에 적극적으로 참여하라

네 번째 계명에는 부정적인 명령은 물론, 긍정적인 명령이 포함되어 있다. 세상의 일은 중단해야 하지만 영적 활동에 적극적으로 참여해야 한다. 나태하게 시간을 보내는 것은 안식일을 거룩하게 지키는 것과 거리가 멀다.

안식의 날은 게으르게 보내는 날이 아니라 부지런히 보내야 하는, 복되고 거룩한 날이다. 육체의 휴식도 필요하지만 영적 안식이 훨씬 더 중요하다. 진정한 안식은 영혼이 주님 안에서 안식하는 것에 있다. 이것은 안식일이 성도의 영원한 안식을 나타내는 상징이자 증거라는 사실을 통해 분명하게 드러난다. 성경은 "그의 종들이 그를 섬기며"(계 22:3)라는 말씀으로 영원한 안식을 묘사했다. 이 말씀은 성도들이 장차 하나님을 예배하는 활동에 적극적으로 참여하게 될 것이라는 뜻이다. 이날의 의무가 영적인 특성을 띠는 이유는 그것을 행하는 것이 우리의 능력을 넘어서기 때문이다. 따라서 우리는 성령의 도우심을 구해야 한다.

3) 안식일(주일)은 즐거워해야 할 날이다

우리가 알아야 할 또 하나의 사실은 안식일이 즐거워하는 날이라는 것이다. "이날은 여호와께서 정하신 것이라 이날에 우리가 즐거워하고 기뻐하리로다"(시 118:24). 이 시편은 그리스도의 승리를 암시하는 위대한 메시아적 예언을 포함하고 있다.

이 시편은 건축자들에게 멸시를 당해 버려진 '돌'이라는 비유를 통해 그리스도의 자기 비하를 묘사했고, 또 하나님께 존귀함을 받아 '모퉁이의 머릿돌이 되었다'라는 말로 그분의 승귀를 예고했다. 그리스도의 승귀는 세 단계(무덤에서 부활하셨고, 하늘에 오르셨으며, 지극히 높으신 하나님의 오른편에 앉으셨다)를 거쳐 이루어졌다. "이는 여호와께서 행하신 것이요 우리 눈에 기이한 바로다"(23절). 그리스도의 승귀는 전적으로 하나님이 하신 일이다. 하나님의 영원한 계획과 큰 권능으로 이루어진 그리스도의 승귀는 구원받은 자들이 항상 큰 경이로움을 느끼는 주제다.

"이날은 여호와께서 정하신 것이라." 그런 점에서 이날은 특별히 "주의 날"로 불린다(계 1:10). 하나님은 기독교 시대를 위해 한 주간의 첫째 날을 안식일로 만드셨다. 우리는 구세주께서 사망의 고통에서 풀려나신 이날을 영원히 기념해야 한다. 하나님의 백성은 이날에 구세주께서 무덤을 정복하고 승리하신 것을 기념한다. 그리스도인들이 "이날에 우리가 즐거워하고 기뻐하리로다."라고 외쳐야 하는 이유는 그날을 하나님이 정하셨고, 또 그날에 그리스도께서 자신의 영광과 우리의 구원을 위해 다시 살아나셨기 때문이다. 안식일에는 거룩한 기쁨이 우리 마음에서 가득 흘러 넘쳐나야 한다. 안식일은 천국을 미리 맛보게 해준다. 따라서 우리는 매주 돌아오는 안식일을 반갑게 맞이하고, 하나님을 기뻐 찬양할 수 있는 심령 상태를 유지해야 한다.

실제로 그렇게 하려면, 조금 전에 인용한 말씀 안에서 발견되는 진리의 명령에 따라야 한다. 우리는 그리스도 안에서 다시 살아났다. 부활하신 구세주께서 그런 우리의 마음속에 진정으로 살아 계셔야만 기뻐하고 즐거워할 수 있다. 찰스 스펄전은 이렇게 말했다.

"우리가 달리 무엇을 할 수 있겠는가? 슬픔과 불평은 우리의 탁월한 지도자인 주님을 통해 큰 구원을 얻었고, 하나님의 영원한 긍휼이 밝게 빛나는 것을 목격한 우리에게 전혀 어울리지 않는다. 오히려 우리의 마음에서는 갑절의 기쁨과 즐거움이 솟아나야 하고, 얼굴은 온통 환한 기쁨이 가득해야 한다. 개인적으로도 기뻐하고, 공적으로도 기뻐해야 한다. 주님 안에서 기뻐해야 할 이유는 여러 가지다. 우리는 특히 안식일에 기뻐해야 한다. 안식일은 날들의 여왕이다. 그날에는 멋진 기쁨의 옷을 차려입어야 한다."

우리가 기뻐해야 할 이유는 참으로 많다. 그리스도의 부활을 통해 그분의 말로 다 할 수 없는 치욕이 종식되었고, 그분의 끝없는 영광이 시작되었다. 그분을 통해 죄가 끝났고, 죄악이 용서받았으며, 영원한 의가 드러났다(단 9:24). 그리스도의 부활은 그분의 희생과 중보자의 사역을 하나님이 인정하고 받아들이셨다는 증거다. 그로 인해 은혜로 선택을 받은 사람들은 모두 죽음과 지옥에서 구원받았다. 그들의 머리이신 주님은 '영원히 살아 계신다.' 그리스도의 부활은 그분의 잠자는 백성들이 부활할 것을 보장하는 증거요 원형이다.

"그러므로 너희가 그리스도와 함께 살리심을 받았으면 위의 것을 찾으라"(골 3:1). "위의 것"이 무엇일까? 그것은 영적 안식과 영적 기쁨, 곧 죄와의 싸움으로부터 온전히 해방되는 것과 주님 안에서 누리는 순수한 즐거움을 가리킨다. 따라서 믿음과 희망과 사랑의 행위를 통해 그런 것들을 추구해야 한다. 우리는 위의 것을 이중적으로 즐거워한다. 즉 지금은 기대하는 마음으로 즐거워하고, 나중에는 실질적인 경험을 통해 즐거워할 것이다.

시편 92편 첫 연에서도 이와 동일한 진리가 발견된다. 성령의 영감에 의해 이 시편에 붙여진 제목은 '안식일의 찬송시'이다. 첫 연의 주제는 무엇일까? "지존자여 … 여호와께 감사하며 주의 이름을 찬양하고 아침마다 주의 인자하심을 알리며 밤마다 주의 성실하심을 베풂이 좋으니이다 여호와여 주께서 행하신 일로 나를 기쁘게 하셨으니 주의 손이 행하신 일로 말미암아 내가 높이 외치리이다 여호와여 주께서 행하신 일이 어찌 그리 크신지요 주의 생각이 매우 깊으시니이다"(1-5절).

찬양은 안식일에 해야 할 일이다. 주님 안에서 안식을 누리며 마음의 기쁨을 표현해야 한다. 참된 안식은 하나님 안에서만 발견되기 때문에 그날에는 그분의 완전한 속성들을 깊이 묵상하고 노래해야 한다.

두려움과 방종 사이의 균형을 이루라

앞서 말한 대로, 안식일을 거룩하게 지키기 위한 중요한 원리 가운데 하나는 네 번째 계명을 문자대로 엄격하게 지키며 새 언약의 정신에 따라 실행에 옮기는 것이다. 부당한 방종과 지나치게 엄격한 바리새적 행위를 피하고 올바른 균형을 유지해야만 이 원리를 가장 잘 이행할 수 있다. 도덕법이 과거의 유대인은 물론 오늘날의 우리에게까지 구속력을 지닌다는 사실을 강조함과 동시에 그리스도인은 모세가 아닌 그리스도의 손을 통해 율법을 받는다는 사실을 확실하게 주지시켜야 한다. 하나님이 신자들에게 요구하시는 것은 억지로 하는 노예의 노동이 아닌, 즐겁고 기꺼운 자녀의 섬김이다.

1) 두려움으로 지키지 말라

그리스도인은 하나님의 사랑스러운 자녀의 마음과 복음의 자유에 부합하는 정신으로 안식일을 지키고, 그날의 의무를 부지런히 이행해야 한다. 우리는 "율법 조문의 묵은 것"이 아닌 "영의 새로운 것"으로 하나님을 섬겨야 한다(롬 7:6). 하나님에 대한 우리의 복종과 예배는 옛 언약의 특징인 어둠과 두려움과 노예적인 태도가 아니라 은혜와 기쁨과 자유의 정신과 경건한 마음으로 드려져야 한다. 그리스도인들은 그리스도를 통해 복된 자유를 누리지만 유대교 신자들은 심령이 속박된 상태로 살았다. 그들은 율법의 의무는 물론, 안식일의 의무까지도 노예적인 태도로 준수했다.

존 오웬은 유대인들과 관련해 세 가지를 지적했다. 첫째, 두려운 현상과 더불어 시내산에서 율법이 수여되었다. 당시에 율법이 반포될 때 수반된 두려운 현상들은 그것을 직접 목격한 세대는 물론, 모세 시대에 살았던 모든 이스라엘 백성의 마음속에 공포심과 경외심을 불러일으키기 위한 것이었다. "시내산으로부터 종을 낳은 자니"(갈 4:24)라는 바울 사도의 말이 이런 사실을 분명하게 입증한다. 백성들을 영적 노예 상태에 놓이게 만드는 것이 유대교의 본질이다. 언약의 목적에 따르면, 그들은 자녀이자 후사였지만 "종과 다름이 없는" 상태였다(갈 4:1-3 참조). 그러나 갈라디아서 4장이 증언하는 대로, 그리스도를 통해 획기적인 시대적 변화가 일어났다.

약속과 경고와 더불어 재집행된 아담의 언약도 이스라엘 민족에게 똑같은 영향을 미쳤다. 그 언약은 유대교가 지속되는 동안 줄곧 그들에게 구속력을 발휘했다. 시내산에서 도덕법에 새로운 용도와 목적이 부여되었지만, 그것을 받은 사람들은 어둠 속에 머물러 있었기 때문에 그 새로운 용도와 목적이 불명료하게 가려져 있었다. 따라서 그들은 그 위대한 목적인 자유와 위로를 발견할 수가 없었다.

"율법은 아무것도 온전하게 못한다"(히 7:19 참조). 율법의 시대에는 은혜에 속한 것이 예표적인 의식과 그림자에 가려져 있었기 때문에 아무도 장차 없어질 것의 "결국"을 볼 수가 없었다(고후 3:13. 이 성경 구절은 위대한 시대적 변화를 논하고 있다).

마지막으로 율법에 죽음의 형벌이 추가된 것도 속박을 더욱 가중시켰다. 불순종에 드리워진 무서운 죽음의 현실은 공포심에 의한 섬김을 자극했다. 이것은 율법의 저주를 표현하고 나타내기 위한 것이었다(갈 3:13). 그 결과, 이스라엘 백성 가운데 대다수가 크게 두려워하며 무서워했고, 특별한 은혜를 입은 소수의 사람들만 하나님과 그분의 거룩한 율법 안에서 즐거움을 누릴 수 있었다. 바울 사도가 말한 대로, 그런 것들을 통해 "아빠 아버지"라고 부를 수 있는 "양자의 영"과 정반대되는 "무서워하는 종의 영"이 위력을 발휘했다(롬 8:15).

안식일을 지키는 것과 관련해 온갖 세세한 규칙들이 생겨난 것도 그런 것들 때문이었다. 이스라엘 백성은 자신들이 속박되지 않은 아브라함의 후손이라고 자랑했지만, 예수님은 그들이 스스로를 어떻게 생각하든 자신이 그들을 자유롭게 하기 전까지는 결코 자유로울 수 없다고 주장하셨다(요 8:36).

사도는 히브리 신자들에게 그들이 시내산이 아닌 시온산에서 율법을 받았다는 사실을 상기시켜주었다. 오늘날의 신자들도 이 가르침을 꼭 기억해야 한다.

"너희는 만질 수 있고 불이 붙는 산과 침침함과 흑암과 폭풍과 나팔 소리와 말하는 소리가 있는 곳에 이른 것이 아니라 그 소리를 듣는 자들은 더 말씀하지 아니하시기를 구하였으니 이는 짐승이라도 그 산에 들어가면 돌로 침을 당하리라 하신 명령을 그들이 견디지 못함이라 그 보이는 바가 이렇듯 무섭기로 모세도 이르되 내가 심히 두렵고 떨린다 하였느니라 그러나 너희가 이른 곳은 시온산과 살아 계신 하나님의 도성인 하늘의 예루살렘과 … 새 언약의 중보자이신 예수와 및 아벨의 피보다 더 나은 것을 말하는 뿌린 피니라"(히 12:18-24).

2) 그리스도 안에서 누리는 평화와 기쁨으로 지키라

그리스도인들은 복음을 통해 공포심을 자극하는 것들, 곧 유대인들을 영적 속박 상태에 처하게 만든 것들로부터 구원받았다. 우리의 상태는 완전히 달라졌다. 왜냐하면 "오직 위에 있는 예루살렘은 자유자니 곧 우리 어머니"이기 때문이다(갈 4:26). 이 말씀은 우리가 시온산에서 말씀하시는 예수 그리스도를 통해 복종의 율법을 받았다는 것을 증언하는 또 하나의 표현이다. 우리는 자녀와 같은 자유로운 정신으로 그리스도를 바라봐야 한다(갈 5:1 참조).

그리스도인들의 경우에는 아담의 언약이 완전히 폐지되었다. 우리는 어떤 식으로든 그것을 기억할 필요가 없다(히 8:13). 그것은 우리의 마음에 아무런 영향도 미치지 못한다. 우리는 평화와 기쁨이 가득한 언약에 참여한다. 그 이유는 "율법은 모세로 말미암아 주어진 것이요 은혜와 진리는 예수 그리스도로 말미암아 온 것"이기 때문이다(요 1:17).

우리는 은혜 언약 안에서 그리스도의 영(양자의 영)을 받아 율법적인 두려움 없이 하나님을 섬긴다(눅 1:74; 롬 8:15; 갈 4:6). 복음은 그것을 가장 중요한 특권으로 가르친다. 영과 원리가 자유롭지 못하면 말과 규칙도 자유로울 수 없다. 우리는 복음의 자유를 얻었기 때문에 외적 의무와 관련된 세세한 규칙들을 두려움으로 지키려고 애쓰지 않는다. 그것은 유대교의 체제에 부여되었던 멍에 가운데 큰 비중을 차지했다. 가장 중요하고 필요한 것은 복음의 자유라는 이 원리를 힘써 주장하는 것이다(그 이유는 비록 타락으로 인해 불의를 좋아하는 성향이 생겨났지만 우리에게는 또한 율법적인 본성이 존재하기 때문이다). 그렇게 하지 않으면 복음의 가장 중요하고 근본적인 요소 가운데 하나가 사라지게 될 것이다.

그리스도인은 무슨 의무를 행하든 항상 성부 하나님을 바라봐야 한다. 왜냐하면 믿는 유대인과 이방인이 그리스도를 통해 "한 성령 안에서 아버지께 나아감을 얻었기" 때문이다(엡 2:18). 하나님은 항상 우리를 꾸짖기만 하거나 우리를 해롭게 할 기회만을 노리지 않으신다. 오히려 그분은 "우리의 체질을 아시며 우리가 단지 먼지뿐임을 기억하신다"(시 103:14). 하나님은 우리가 자녀로서 거룩한 마음으로 복종할 때 외적인 것들로 우리를 엄격하게 옥죄지 않으신다. 성경이 제시하는 일반적인 원칙에 따라 이 원리를 기억하고 적용한다면 옛 유대인들을 당혹스럽게 만들었던 온갖 불필요한 양심의 가책으로부터 자유롭게 될 것이다.

또한 성부 하나님은 자기를 "영과 진리로" 예배하라고 요구하신다(요 4:24). 하나님은 단지 외적인 의무를 이행하는 것보다 자기를 섬기는 우리의 마음 상태에 더 많은 관심을 기울이신다. 하나님은 외적 행위를 마음을 표현하고 나타내는 것으로 받아주신다. 하나님은 거룩한 안식일을 지킬 때도 외적인 의무를 하나도 빠짐없이 엄격하고 꼼꼼하게 지키는 것보다 진지하고 단순한 마음과 기쁨으로 자신의 영광을 진정으로 바라는 것을 더욱 귀하게 여기신다.

존 오웬은 이렇게 말했다.

"복음이 가르치는 복종의 정신과 특성에 따라 그날을 거룩하게 지키는 의무를 마음으로 온전히 감당하려고 애쓰기보다 단지 외적인 의무에 관한 규칙들을 더 늘려 그것들을 꼼꼼하게 지키는 것에 더 많은 노력을 기울이는 것은 결코 작은 실수가 아니다."

이처럼 유대교의 안식일과 기독교의 안식일은 본질적인 차이가 있다. 죽음의 형벌이라는 위협을 통해 표현된 율법의 저주와 공포는 신자들의 마음에 영향을 미쳐 안식일을 지키는 의무를 이행하게 만들 수 없다. 신자들의 복종은 예수 그리스도에 대한 사랑과 그분의 권위를 존중하는 마음에서 비롯한다. 이것은 아무리 강조해도 지나치지 않다. 왜냐하면 이것이 바로 노예적인 복종과 자녀로서의 복종이 서로 다른 이유이기 때문이다. 우리의 주된 의무는 안식일의 예배를 통해 영적 기쁨과 즐거움을 얻으려고 노력하는 것이다. 이것이 영적 자유를 통해 나타나는 특별한 효과다. 복음의 특권과 축복을 적극적으로 추구한다면, 그런 기쁨을 얻는 것이 결코 어렵지 않을 것이다. 믿음은 항상 사랑으로 역사하기 때문에 그리스도를 통해 우리에게 보장된 축복에 근거해 믿음으로 행한다면 더 깊이 있는 헌신이 이루어질 것이 확실하다.

영적 자유와 육신적인 방종을 구별하라

율법에서 구원받았기 때문에 안식일을 지키는 문제에 관해 어느 정도의 품위만 지킨다면 얼마든지 즐거움을 추구할 수 있다고 주장하면서 '주의 날'의 거룩함을 하찮게 여기는 사람들이 있다. 그러나 지금까지 논의한 바에 따르면, 우리는 그런 사람들에게 절대로 동조할 수 없다. 영적 자유와 육신의 방종은 엄청난 차이가 있다. 그리스도께서 자유를 주신 이유는 죄가 아닌 하나님을 향해 자유롭게 살게 하기 위해서다. 복종의 규칙은 옛 언약 아래 있는 사람들에게나 새 언약 아래 있는 사람들에게나 모두 똑같다. 다만 복종의 원천이 달라졌을 뿐이다. 과거에는 불순종에 대한 죽음의 형벌이 두려워 억지로 하는 복종이었지만, 지금은 자녀로서 사랑하는 아버지에게 감사의 예배를 드린다.

우리가 가장 먼저 관심을 기울여야 할 것은 안식일에 하나님께 마땅히 바쳐야 할 것을 제멋대로 도용하지 않는 것이다. 우리는 '사람의 계명과 교훈'에 속박되지 않도록 각별히 주의해야 한다. 어떤 사람들은 지식은 없고 오직 열정에만 사로잡혀 경건의 의무를 많이 늘려야만 주의 날을 거룩하게 지킬 수 있다고 생각한다. 그들은 규칙들을 지나치게 많이 만들어 복음 아래 있는 자들에게 성경의 권위에 근거하지 않는 것을 금지하거나 요구한다. 만일 성도들이 기쁨으로 안식일을 지킬 수 없을 만큼 지나치게 엄격한 규칙들을 요구한다면 그것은 하나님이 요구하시는 것보다 훨씬 더 많은 것을 요구하는 것이고, 결국에는 나태라는 또 다른 극단에 치우치는 결과를 낳을 가능성이 크다.

우리는 하나님의 방식을 제멋대로 고쳐 늘릴 수 없다. 그렇게 하려는 시도는 실패할 수밖에 없다. 하나님이 우리에게 주신 규칙을 넘어서는 것이나 그것을 온전히 지키지 못하는 것이나 둘 다 어리석은 잘못이기는 마찬가지다. 하나님이 특수화시킨 것을 일반화시켜서는 안 되고, 그분이 일반화시킨 것을 교리적으로 특수화시켜서는 안 된다. 바로 이 점에서 신구약 시대의 가장 뚜렷한 차이 가운데 하나가 발견된다. 하나님은 모세 시대에 유대인들이 지켜야 할 세밀한 율법(그들의 모든 삶의 영역에 적용되는 율법)을 주셨지만, 신약 시대에는 우리의 행위를 규정하는 일반적인 원리들만을 제시하셨다. 로마서 14장 1-9절이나 고린도전서 8장 8-9절 같은 성경 말씀에서 분명하게 알 수 있는 대로, 우리에게는 특수한 상황에 그런 원리들을 적용할 수 있는 상당한 재량권이 허용되었다. 따라서 그런 일반적인 원리에 순응하라고 권고하는 것에 만족하지 않고, 구체적인 규칙들을 많이 만드는 것은 기독교의 특성을 부인하고, 유대교의 정신을 주입하는 것이다.

  이 점에 대해 오해가 발생하는 것을 예방하려면, 서신서에서 다루어진 일반적인 원리를 몇 가지 생각해 보는 것이 좋을 듯하다. 온전한 기독교를 지향하려면 항상 성경의 가르침을 따라야 한다. 성경은 "그런즉 너희가 먹든지 마시든지 무엇을 하든지 다 하나님의 영광을 위하여 하라"(고전 10:31)라고 말씀한다. 이 말씀은 실천적 경건을 위한 근본 원리를 제시한다. 계명이 확실하게 주어지지 않은 문제를 다룰 때는 항상 이 원리를 따라야 한다. 범사에 하나님의 영광을 구하려면 자아를 부인하고, 오직 그분에게만 초점을 맞추어야 한다.

  또한 성경은 "모든 것을 품위 있게 하고 질서 있게 하라"(고전 14:40)라고 말씀한다. 앞의 말씀은 가정생활이나 사생활과 직접 관련이 있는 원리에 해당하고, 이 말씀은 공적 예배와 관련된 모든 세부적인 사항들을 규정하는 일반 원리에 해당한다. 이 원리에 주의하면 교회 생활과 관련된 많은 문제들, 곧 신약성경이 구체적인 규칙들을 제시하지 않은 문제들을 처리하는 지침을 발견할 수 있다.

"너희 모든 일을 사랑으로 행하라"(고전 16:14)라는 말씀도 마찬가지다. 이 말씀에 주의를 기울이면 많은 논쟁을 피할 수 있고, 악감정을 자제할 수 있으며, 어려움을 잘 해결할 수 있다. 가정이나 교회에서 일어나는 일들은 모두 사랑의 규칙을 따라야 한다. 진지함이 원망으로 바뀌거나 단호함이 폭압으로 바뀌어서는 안 된다. 사랑으로 열정을 다스리면 과도함과 냉혹함을 피할 수 있다. 이밖에도 성경은 "무슨 일을 하든지 마음을 다하여 주께 하듯 하고 사람에게 하듯 하지 말라"(골 3:23)라고 가르친다. 이것도 우리가 하는 모든 일의 지침이 되는 일반 원리 가운데 하나다. 우리의 섬김은 억지로가 아닌 자발적으로 이루어져야 한다. 즉 마지못해서 하지 말고, 즐거운 마음으로 해야 한다. 이런 일반 원리들은 한결같이 외적 행위 자체가 아니라 행위의 원천인 마음의 태도를 강조한다. 이처럼 이런 원리들은 성경에 근거한 상식과 도덕적인 통찰과 영적 직관을 활용할 수 있는 여지를 제공한다.

"만일 안식일에 네 발을 금하여 내 성일에 오락을 행하지 아니하고 안식일을 일컬어 즐거운 날이라, 여호와의 성일을 존귀한 날이라 하여 이를 존귀하게 여기고 네 길로 행하지 아니하며 네 오락을 구하지 아니하며 사사로운 말을 하지 아니하면 네가 여호와 안에서 즐거움을 얻을 것이라 내가 너를 땅의 높은 곳에 올리고 네 조상 야곱의 기업으로 기르리라"(사 58:13, 14).

이것은 복음의 시대와 관련된 구약성경의 많은 예언 가운데 하나다. 이 성경 본문은 53장에 예고된 그리스도의 죽음 이후에 일어날 일을 암시하는 것이 분명하다. 우리는 여기에서 이 책에서 지금까지 논의해 온 두 가지 핵심 원리(네 번째 계명을 문자대로 지키는 것과 새 언약의 정신에 따라 적용하는 것)를 발견할 수 있다. 모세 시대보다 기독교 시대에 훨씬 더 많은 자유가 주어졌지만, 거룩함의 기준이 낮아지거나 하나님의 요구가 철회되지는 않았다.

"만일 안식일에 네 발을 금하여." 이 말씀은 이중적인 의미(일반적인 의미와 특수한 의미)를 지닌다. 하나는 안식일을 짓밟지 말라는 것이고, 다른 하나는 그날에 여행을 떠나거나 돌아다니는 일을 삼가라는 것이다. 이 말씀에는 "오락을 행하지 아니하고"라는 설명이 첨가되었다. 세상적인 즐거움을 추구하는 것은 구약 시대에는 물론, 지금도 피해야 한다.

이 금지 조항은 다시 세 가지로 나뉘어 구체적으로 설명되었다. "네 길로 행하지 아니하며 네 오락을 구하지 아니하며 사사로운 말을 하지 아니하면." 주님의 날에는 속된 오락을 일삼거나 하찮고 무익한 대화를 나누는 등 세속적인 관심사를 추구해서는 안 된다. 긍정적으로 말하면 "안식일을 일컬어 즐거운 날이라, 여호와의 성일을 존귀한 날이라"고 말해야 한다. 이것은 시편 118편 24절과 일맥상통한다. 그런 복종에 대해 보상이 주어졌다(사 58:14). 이 보상은 신약성경이 약속하는 축복을 구약성경의 용어로 표현한 것으로 이해할 수 있다.

"만일 안식일에 네 발을 금하여 내 성일에 오락을 행하지 아니하고 안식일을 일컬어 즐거운 날이라, 여호와의 성일을 존귀한 날이라 하여 이를 존귀하게 여기고 네 길로 행하지 아니하며 네 오락을 구하지 아니하며 사사로운 말을 하지 아니하면"(사 58:13).

이 구절을 다시 인용한 이유는 내가 지금까지 독자들에게 말하려고 했던 내용을 간단히 요약하고 있기 때문이다. 첫째, 이 말씀은 안식일을 성가신 의무가 아닌 거룩한 특권으로 간주해야 한다는 중요한 진리를 가르친다. 안식일은 짊어지기 싫은 짐이 아니라 유익하고 즐거운 활동을 위한 기회를 제공한다.

우리는 노예적인 태도나 두려움이 아닌 자유로운 정신과 기꺼운 마음으로 안식일을 거룩하게 지켜야 한다. 우리는 안식일을 통해 한 주간의 삶 가운데서 가장 큰 기쁨을 발견해야 하고, 주님 안에서 즐거워해야 한다. 우리 안에 있는 모든 것이 그분의 거룩한 이름을 찬양해야 한다.

여기에 뒤따르는 약속은 진지한 마음으로 안식일을 지켜 주님을 영화롭게 하려고 노력하는 사람들에게 큰 위로를 준다. "네가 여호와 안에서 즐거움을 얻을 것이라 내가 너를 땅의 높은 곳에 올리고 네 조상 야곱의 기업으로 기르리라"(14절). 새 언약의 용어로 표현하면, 이것은 안식일을 지킴으로써 주님 안에서 더할 나위 없는 위로를 받게 된다는 것을 의미한다. "하나님을 섬기는 것을 더욱 즐겁게 여길수록 그 안에서 더 큰 기쁨을 발견할 수 있다. 즐거운 마음으로 의무를 이행하면 그것을 통해 만족을 얻을 수 있다"(매튜 헨리).

또한 이 말씀은 우리가 영적인 원수들을 물리치고 승리할 것을 의미한다. 구약성경은 하나님이 이스라엘 백성에게 애굽 군대를 물리치고 승리하게 하신 일을 가리켜 "여호와께서 그가 땅의 높은 곳을 타고 다니게 하시며"(신 32:13)라고 표현했다. 안식일을 지키면 우리의 영혼에 언약의 축복이 가득 차고 넘칠 것이다. 다시 말해, 가나안의 안식을 통해 예표된 보배로운 영적 안식을 미리 맛봄으로써 크게 만족할 것이다.

실제적인 적용

지금까지 안식일 준수와 관련해 지침이 되는 두 가지 원리를 논의했다. 이번에는 그 원리들을 실천적인 차원에서 세부적으로 적용해 보기로 하자.

1) 안식일(주일)을 위한 준비

첫째, 안식일을 어떻게 준비해야 하는지를 살펴봐야 할 필요가 있다. 그 이유는 적절한 준비가 없으면 거룩한 안식의 날을 올바르고 유익하게 지킬 수 없기 때문이다. "이 날은 준비일 곧 안식일 전날이므로"(막 15:42)라는 말씀이 구약성경이 아닌 신약성경(사복음서)에서 발견된다는 사실은 주목할 만하다. 이 거룩한 제도를 경솔하거나 부주의한 태도로 지키려고 해서는 안 된다. 세상의 일이나 집안일을 미리 잘 생각해서 지혜롭게 처리하고, 무엇보다도 마음을 준비하는 일에 힘써야 한다. 준비를 잘하지 못하는 것은 매우 우려스럽다. 왜냐하면 그것이 안식일이 주는 가장 큰 축복을 놓치는 이유이기 때문이다.

가장 먼저 생각해야 할 것은 '준비'를 시작해야 할 시점과 안식일 자체가 시작되는 시점에 관한 문제를 주의 깊게 살펴보는 것이다. 어떤 곳에서는 이 문제를 둘러싸고 많은 논쟁이 벌어진다. 어떤 사람들은 "그 저녁부터 이튿날 저녁까지 안식을 지킬지니라"(레 23:32)라는 말씀에 근거해 안식일이 토요일 일몰 때부터 시작해서 일요일 일몰 때 끝난다고 주장한다. 이것은 안식일의 두드러진 특징이었고, 모세 시대에는 당연한 것으로 인정되었다.

그러나 나는 이 원칙이 오늘날의 우리에게 구속력을 지닌다고 생각하지 않는다. 그 이유는 다음과 같다. 첫째, 자연의 형평적 법칙에 따르면 안식의 날은 노동의 날과 균형을 이루어야 한다. 신구약 성경 모두 노동의 날을 '아침에서 저녁까지'로 규정한다(시 104:20-23; 막 20:1-8).

둘째, 예수 그리스도의 부활을 통해 복음 시대의 거룩한 안식일의 존재와 시작이 결정되었다. 복음서 저자들이 다양하게 표현한 대로, 예수님은 한 주간의 첫째 날이 밝았을 때, 곧 햇빛이 밤의 어둠을 내쫓기 시작하는 새벽 여명에 무덤에서 살아나셨다. 그리스도의 백성들은 이것을 문제의 해결책으로 삼아야 한다. 기독교의 안식일은 유대교의 안식일과 분명하게 구별된다. 마지막으로, 창세기 1장에서 처음 칠일을 묘사하면서 엿새에 대해서는 모두 "저녁이 되고 아침이 되니"라는 문구를 사용했지만 일곱째 날에 대해서는 의미심장하게도 그런 문구를 사용하지 않고 '일곱째 날'이라고만 명시했다. 이처럼 모세 시대의 안식일은 기독교의 안식일은 물론, 원시적인 안식일과도 구별된다.

기독교의 안식일은 일곱째 날(토요일) 자정에서부터 첫째 날 자정까지 지속된다. 따라서 안식일(주일)의 준비는 토요일(특히 그날 저녁)에 이루어져야 한다. "안식일을 기억하여 거룩하게 지키라"(출 20:8)라는 명령은 그날을 거룩하게 지키는 데 필요한 것을 미리 생각하라는 의미를 내포한다.

주일 음식은 최대한 간단하고 간소하게 준비하고, 가능하면 토요일에 미리 준비한다. 주님의 시신을 보살핀 여인들은 안식일 전날에 향품과 향유를 준비했다(눅 23:54, 56). 그 이유는 그것을 안식일에 해서는 안 될 노동으로 간주했기 때문이다. 이 사실이 성경에 기록된 것은 우리에게 교훈을 주기 위해서가 아니겠는가?

우리의 마음과 생각을 준비하는 것이 특별히 필요하다. 하나님의 집에 갈 때는 우리의 발을 삼가야 한다(전 5:1). 다시 말해, 무슨 일을 할 것인지, 어디에 가는 것인지를 신중히 생각해야 한다. 하나님께 나아갈 때는 그런 진지한 태도가 필요하다. 생각도 없고 기도도 없이 하나님의 거룩한 날을 맞이해서는 곤란하다. 하나님은 "나는 나를 가까이하는 자 중에서 내 거룩함을 나타내겠고"(레 10:3)라고 단호하게 말씀하신다. 어떤 은혜의 수단이든 부주의한 태도로 받아들인다면, 그것은 하나님을 크게 욕되게 하는 것이다. 사도가 "은혜를 받자 이로 말미암아 경건함과 두려움으로 하나님을 기쁘시게 섬길지니"(히 12:28)라고 권고한 것도 바로 이런 이유에서다. 진지한 얼굴과 공경하는 자세를 취하는 것은 물론, 마음과 생각을 성결하게 해야 한다.

무엇보다도 사업에 대한 걱정이나 세상의 염려로부터 우리의 생각을 자유롭게 해야 한다. 그래야만 생각이 산만해지지 않고 주님께만 온전히 집중할 수 있다. 세상의 일에 집착하면 생각이 세속적으로 치우칠 수밖에 없다. 엿새 동안 일하면서 세상의 것들을 너무 많이 생각하면 마음이 속된 일로 오염되기 마련이다. 세상의 일을 하면서 하나님을 위해 살고, 모든 일을 그분의 영광을 위해 하는 것이 우리의 의무이지만 세상의 것들에 너무 골몰하면 영적인 활동이나 신령한 생각을 하기가 어렵다.

따라서 주님과 함께 즐거워하고, 그분 안에서 더욱 온전하고 더 잘 안식하기 위해 세상의 일과 속된 근심과 사업에 관한 염려로부터 우리의 생각을 깨끗하게 지키려고 노력해야 한다.

우리의 영혼을 안식일의 의무를 이행하기에 적합한 상태로 만들려면 그 전날에 안식일에 적합한 일들로 생각을 집중해야 할 필요가 있다. 거듭나지 못했을 때 안식일을 지키지 못했던 일을 생각하며 잘못을 뉘우치고, 한 주간이 거의 끝나가는 시간에 그 주간에 잘못한 일이 생각나거든 하나님과의 관계를 바르게 하려고 노력하며, 우리의 나태와 방탕을 오랫동안 참아주고 또다시 안식일을 맞이하게끔 허락해주신 하나님의 놀라운 인내를 묵상하고, 세상일의 허무함과 그것이 하나님과의 교제와 비교할 때 얼마나 무가치한 것인지를 생각하며, 죄와 믿음을 고백하고, 기도하고, 찬양하는 시간을 가져야 한다.

2) 안식일(주일)에 해야 할 일

안식일이 되어 하루가 시작되면 거룩한 시간을 헛되이 보내지 않게 해달라고 간절히 기도하고, 그날을 가장 유익하게 보낼 수 있게 도와달라고 간구해야 한다. 우리의 생각을 산만하게 만들어 하나님에게서 멀어지게 하는 것들을 모두 없애주고,

우리의 마음을 거룩하게 만들어 안식일의 시작부터 끝까지 줄 곧 하나님이 그날을 거룩하게 구별하신 목적과 용도에만 충실할 수 있게 해달라고 기도해야 한다. 또한 하나님의 사역자들이 하나님을 영화롭게 하고, 그분의 백성들을 덕스럽게 하는 설교 말씀을 준비할 수 있도록 성령의 도우심을 베풀어 달라고 기도하고, 우리가 우리 자신을 위해 원하는 것과 똑같은 영적 은혜를 다른 신자들에게도 허락해 달라고 간구해야 한다. 그날에 공적 예배에 참석하기 전에 먼저 가정 예배를 드리면 안식일을 준비하는 데 큰 도움이 될 것이다.

안식일 내내 그날을 신령하게 지키지 못하게 만드는 것은 무엇이든 삼가야 한다. 안식일에는 어떤 상황에서든 물건을 사고팔거나 그렇게 하는 사람들을 독려하는 일이 있어서는 안 된다. 사교 모임이나 불필요한 방문으로 인해 가정에서 하나님을 예배하는 일이 방해를 받아서도 안 된다. "무릇 더러운 말은 너희 입 밖에도 내지 말고 오직 덕을 세우는 데 소용되는 대로 선한 말을 하여 듣는 자들에게 은혜를 끼치게 하라"(엡 4:29)라는 말씀은 항상 진리이지만 안식일에는 특별히 더 그렇다.

주님의 날에 불필요한 여행을 떠나는 것은 잘못이다. "너희가 도망하는 일이 겨울에나 안식일에 되지 않도록 기도하라"(마

24:20)라는 그리스도의 말씀을 잊어서는 안 된다. 이것은 안식일을 더럽히는 행위를 하지 말라는 예언적인 경고의 말씀이다 (슬프게도 요즘에는 안식일을 더럽히는 경우가 너무나도 많다). 이것이 예수님이 제자들에게 안식일을 더럽히는 행위에 대해 경고하신 유일한 말씀이라는 사실을 생각하면 더더욱 놀랍기 그지없다. 주님은 무엇을 위해 기도하라고 가르치셨는가? 그분은 안식일에는 쾌락을 위한 여행이나 상행위를 위한 여행은 고사하고, 재난이나 위험한 사건이 일어난 상황에서 목숨을 보전하기 위해 안전한 곳을 찾아 도망치는 일조차도 하지 않게 해달라고 기도하라고 가르치셨다. 주님이 안식일의 거룩함을 얼마나 중요하게 생각하셨는지를 분명하게 알 수 있다.

이번에는 긍정적인 행위를 잠시 생각해 보자. 성경을 읽고 묵상하는 것은 안식일에 해야 할 가장 중요한 일 가운데 하나다. 요즘은 매우 분주한 시대이기 때문에 주중에 한가로운 시간이 많은 사람이 비교적 적다. 사람들은 대부분 너무 피곤한 나머지 성경을 공부할 시간이 거의 없다. 그러나 안식일은 다르다. 그날은 영적 양식을 얻을 수 있는 특별한 기회를 제공한다. 최소한 아침에 한 시간, 오후에 한 시간, 잠자기 전에 한 시간은 성경과 경건 서적을 읽는 데 할애해야 한다. 엿새는 주로 육체의 필요를 채우는 데 사용하기 때문에 일곱째 날에는 영혼의 양식을 구하는 데 사용해야 마땅하다. 그래야만 새로운 활력을 얻을 수 있고, 한 주간의 의무를 이행할 준비를 갖출 수 있다.

주님의 날에는 개인 기도와 성경 읽기 외에도 틈이 날 때마다 영적 묵상에 힘써야 한다. 안식일은 진지한 반성과 즐거운 묵상을 하기에 적합하다. 일시적인 것에서 영적인 것으로 생각의 방향을 돌려 날마다 점점 가까이 다가오는 내세의 영원한 삶을 묵상해야 한다. 창조주 하나님을 묵상하고, 그분의 기이한 사역을 생각하며 즐거워해야 한다. 하나님 안에서 누렸던 본래의 안식이 죄로 인해 상실된 것과 그분이 우리를 영원히 안식하지 못하게 하더라도 전적으로 의로우시다는 것을 생각하고, 그리스도의 속죄와 죽음을 정복하신 위대한 승리로 인해 하나님 안에서의 안식이 회복되었다는 것을 묵상해야 한다. 하나님 안에서의 안식이 회복된 것과 그분이 우리 안에 거하며 안식을 누리시는 것을 생각하며 기뻐하는 것이야말로 안식일의 가장 중요한 의무가 아닐 수 없다. 이 모든 것은 하나님의 무한한 지혜와 놀라운 은혜와 넘치는 사랑에서 비롯되었다. 따라서 하나님과 그리스도께 모든 영광을 돌려야 한다. 안식일이 하나님과 영원히 누리게 될 안식의 증표라는 사실을 기억해야 한다.

안식일은 주님의 교훈과 훈계로 자녀들을 훈련할 수 있는 가장 좋은 기회를 제공한다. 가정 교육은 안식일의 가장 중요한 의무 가운데 하나다. 안식일에 이루어진 요리 문답 교육과 성경 읽기와 신앙적인 가르침과 경건한 부모와 친척들의 단순하면서도 열정적인 기도를 통해 회심을 경험하게 된 사람들이 얼마나 많은지 모른다. 가장들은 자신이 보살피는 가족들의 영원한 영적 유익을 위해 최선을 다해야 한다. 그리스도인 부모들은 자녀들에게 하나님의 일을 가르치는 것을 주일 학교 교사들에게만 맡기지 말고, 직접 그 책임을 감당하려고 노력해야 한다. 자녀들과 함께 성경을 읽고, 간단한 설명과 함께 실천적인 적용을 제시하라. 성경 구절들을 주중에 암기하게 하고, 안식일에 그 성경 구절을 다시 읽어주라. 존 번연의 『천로역정』이나 선교사들의 생애를 다룬 책들을 자녀들에게 읽어주면 유익할 것이다.

안식일은 사랑을 실천할 수 있는 가장 좋은 기회이기도 하다. 그리스도의 구체적인 가르침과 본이 되는 태도는 이 문제와 관련된 모든 의심을 불식시킨다. 그분은 안식일에 선을 행하는 것이 적법한 일이라고 가르치셨다. 공적인 은혜의 수단을 활용하기가 어려운 처지에 있는 사람들을 찾아 돌보는 일은 우리의 특권이자 의무다. 병자들과 노인들을 찾아보고, 글을 읽을 줄 모르는 사람들에게 성경을 읽어주고, 도움이 필요한 자들에게 긍휼과 사랑을 베풀어야 한다. 다른 사람들을 행복하게 해주려고 노력할수록 항상 선을 행하신 주님의 기쁨에 더 많이 참여할 수 있다. 자기중심적인 사람은 세상에서 가장 불만족하고 비참한 사람이다.

존 오웬의 견해

우리는 청교도 오웬의 견해에 전적으로 동의한다. 그는 이렇게 말했다.

"의무를 지키기 위한 기준이나 척도 가운데 그 기준을 넘어선다고 해서 잘라내거나 그것에 미치지 못한다고 해서 더 늘리라고 강요하는 것은 없다. 하나님은 구약 시대에 자기를 섬기는 예법을 가르치면서 각 사람의 현실적인 상황을 고려해 수송아지를 바칠 능력이 없으면 비둘기를 바치도록 허락하셨다. 따라서 이 일과 관련해서도 사람들의 타고난 기질과 능력이 참작된다. 구약 시대 사람들이 제물을 바치는 데 필요한 비용을 아끼려고 일부러 가난한 척할 때는 그들의 제사가 받아들여지지 않았다. 그런 사람들은 하나님을 속인 죄로 저주를 받았다. 그와 마찬가지로 지금도 일부러 연약하거나 무능력한 것처럼 가장함으로써 안식일을 소홀히 하거나 더럽힌 죄를 변명할 수는 없다. 하나님은 우리가 가지지 않은 것이 아니라 가지고 있는 것을 요구하시고, 그 바치는 것을 받아주신다.

경험을 통해 알 수 있는 대로 어떤 사람들은 다른 사람들에 비해 타고난 정신력이 매우 강해서 의무를 외적으로 준수하는 일을 훨씬 더 많이, 심지어 갑절이나 더 많이 할 수 있다. 그러나 능력이 부족한 사람들도 나름대로 거룩한 안식일을 잘 지켜 하나님께 인정을 받을 수 있다. 이것이 병자나 노인이나 어린아이나 연약한 자를 비롯해 어떤 식으로든 심신이 연약한 사람들에게 이런 의무들을 적절히 조절해 적용할 수 있는 이유다. 하나님은 '우리의 체질을 아시며 우리가 단지 먼지뿐임을 기억하신다.' 먼지는 다른 어떤 것보다 더 산란하고 덜 조밀하다. 구약 시대의 사람들이 만나를 거두었을 때 '많이 거둔 자도 남음이 없고 적게 거둔 자도 부족함이 없이 각 사람은 먹을 만큼만 거두었던'(출 16:17-18) 것처럼 모두가 다른 사람들의 행위나 본을 따라 억지로 하려고 하지 말고, 각자 자신의 능력과 분량에 따라 이날의 의무를 이행해 하나님의 이름을 거룩하게 하려고 노력해야 한다."

존 오웬은 이사야서 58장 13절을 이렇게 주석했다.

"나는 이 말씀이 주님의 날에 하나님을 예배하는 일과 관련된 종교적인 의무의 이행을 방해하거나 우리의 정신을 약화시키고 마음을 분산시켜 그런 의무를 도외시하게 만드는 말과 행위와 일을 일일이 규제한다고 생각하지 않는다. 안식의 날에 자유로운 정신으로 하나님을 예배하며 그분과 교통하는 것에 마음을 집중하는 사람은 자기가 하는 말이나 행위를 낱낱이 살피고 따짐으로써 주님의 날이라기보다는 유대인의 안식일에 훨씬 더 가까운 안식의 날을 지키려고 애쓰는 자들보다 더 나은 언행의 규칙을 따른다. 하루를 거룩한 안식을 누리는 일에 온전히 바치더라도 자신의 행위를 피곤할 정도로 세세하게 따진다면 예배를 통해 하나님의 이름을 거룩하게 하기가 어렵다. 따라서 타고난 체질이 약하거나 몸이 불편하거나 허약해 다른 사람만큼 외적인 의무를 활발하게 이행할 수 없는 경우를 고려하지 않으면 안 된다. 다른 양들보다 강한 양들은 그들의 역량을 다 발휘하지 못하게 만들고, 다른 양들보다 약한 양들은 힘에 겨운 일을 하도록 강요해 상처를 입혀 파멸로 치닫게 만드는 목자는 결코 현명한 목자라고 말하기 어렵다. 물론, 진지하고 진실하지만 버거운 짐에 짓눌려 실망하는 탓에 섬김의 의무를 통해 아무런 유익을 얻지 못하는 사람들보다는 더 오래 감당할 수 있는 힘과 열정이 있는데도 의무를 제대로 이행하지 않는 것을 안타깝게 생각해야 할 사람들이 훨씬 더 많다."

이제 경건한 리처드 백스터(1615-1691)의 기도로 이번 장을 마무리하는 것이 좋을 듯싶다.

"오, 지극히 영광스럽고, 은혜로우신 창조주요 구원자이신 주님, 겸손히 엎드려 주님의 날에 제가 받아 누린 형용하기 어려운 은혜에 진정으로 감사드립니다. 주님의 교회와 세상에 베푸신 그 큰 은혜에도 무한히 감사드립니다. 제가 주님의 날에 범한 죄를 용서해 주시기를 간절히 바라오며, 주님의 교회와 저에게 이 놀라운 은혜를 늘 베풀어주시기를 간구합니다. 이 복된 특권과 위로를 상실하거나 잃지 않게 도와주소서. 하늘의 영광 속에서 영원한 안식을 누릴 준비가 되어 그 안식에 들어가게 될 때까지 주님의 거룩한 날에 성령의 사랑과 빛과 생명으로 주님을 섬길 수 있도록 인도하소서. 아멘."

"거룩한 안식일이 기독교의 가장 중요한 보루 가운데 하나라는 사실, 곧 그것이 진리와 경건과 영성과 도덕성을 수호하는 데 필요한 '전략적인 문제' 가운데 하나라는 사실을 길게 입증할 필요는 없다. 안식일은 중요한 산업 시설을 보호하는 강력한 요새와도 같다. 요새가 함락되면 그 안에 있는 마을들에 사는 많은 사람이 몰려드는 적군들에 의해 짓밟힐 수밖에 없다. 침략군을 이끌고 전쟁에 나선 장군이 그런 요새를 점령하는 것을 주요 목표로 정하고, 그것을 공격하는 데 모든 군사력을 집중하는 것처럼 사탄도 세상에서 하나님의 왕국을 공격할 때 그와 똑같은 전략을 구사한다."

8장

교회사 속에서의
안식일(주일)

이번에는 우리의 주제와 관련해 별로 유쾌하지 않은 문제를 잠시 생각해 보자. 지금까지 이 거룩한 제도에 관해 여러 가지 반론이 제기되어왔다. 주님을 노골적으로 반대하는 원수들은 물론, 그분의 친구라고 고백하는 사람들까지도 교리와 실천의 측면에서 이 제도를 강하게 거부했다. 그러나 놀랄 필요는 없다. 왜냐하면 하나님과 반목하는 육신의 생각은 그분이 특별히 제정하신 것은 무엇이든 거부하는 경향이 있기 때문이다. 그런 악한 경향은 그분의 영광과 영예를 드러내는 일일수록 더욱더 강하게 표출된다. 사탄은 그런 일에 대해 가장 사납고 난폭한 적대감을 드러내며 어떻게 해서든지 그것을 없애려고 안간힘을 쓴다. 왜냐하면 자신의 악한 의도를 성사시킬 수만 있다면, 이 세상에 어둠의 왕국을 더욱 확고하게 건설할 수 있다는 것을 알기 때문이다.

이 영적 싸움은 '전선'의 전체적인 안위가 달린 전략적인 문제들, 곧 '핵심적인 사안들'을 중심으로 이루어진다. 그런 전략적인 문제가 적군의 '공격 목표'가 된다. 원수는 어떻게든 그 문제를 자기에게 유리하게 만들려고 애쓰기 때문에 그것을 중심으로 선과 악의 세력 사이에 치열한 공방이 이루어지기 마련이다. 전략적으로 가장 중요한 보루들이 있다. 그것들을 지켜야만 참된 경건을 진작시킬 수 있다. 왜냐하면 그것들이 점령되면 악의 세력이 물밀 듯 밀고 들어와서 위해를 가할 것이기 때문이다. 안식일은 그런 '보루' 가운데 하나다. 안식일의 엄격한 준수에 교회와 국가의 행복이 달려 있다. 안식일을 거룩하게 지키면 지극히 높으신 하나님의 축복을 받아 누리게 되고, 그 날을 더럽히면 국가와 백성 위에 하나님의 저주가 임한다.

앞서 많은 논의가 이루어졌기 때문에, 거룩한 안식일이 기독교의 가장 중요한 보루 가운데 하나라는 사실, 곧 그것이 진리와 경건과 영성과 도덕성을 수호하는 데 필요한 '전략적인 문제' 가운데 하나라는 사실을 길게 입증할 필요는 없다. 안식일은 중요한 산업 시설을 보호하는 강력한 요새와도 같다. 요새가 함락되면 그 안에 있는 마을에 사는 많은 사람이 몰려드는 적군들에 의해 짓밟힐 수밖에 없다. 침략군을 이끌고 전쟁에 나선 장군이 그런 요새를 점령하는 것을 주요 목표로 정하고 그것을 공격하는 데 모든 군사력을 집중하는 것처럼, 사탄도 세상에서 하나님의 왕국을 공격할 때 그와 똑같은 전략을 구사한다. 사탄은 안식일을 없애면 '중요한 승리'를 거두게 된다는 것을 잘 알고 있다.

이를 비유를 조금 달리해 설명하면 다음과 같다. 하나님이 사람들에게 약속하신 축복(현세적이거나 영적인 축복)은 그분이 친히 정하신 특별한 통로를 통해 가장 자유롭게 주어진다. 그런 통로가 사라지면 축복도 함께 사라진다. 안식일은 하나님이 특별한 축복을 베풀기 위해 따로 구별하신 날이기 때문에 그날을 가장 진지하고 엄숙하게 지켜야만 그런 축복들을 가장 많이 받아 누릴 수 있다. 이것은 가장 확실한 증거를 통해 입증할 수 있는 사실이다. 기독교는 이 세상에 2,000년이 넘게 존재해 왔고, 그 긴 세월 동안 번영의 때와 시련의 때, 빛과 순결의 때와 어둠과 불결의 때, 영적 부흥의 때와 영적 무기력의 때를 지나면서 많은 변천을 거쳐 왔다.

초기 기독교의 역사에서 발견되는 안식일(주일)

역사를 돌이켜 보면, 안식일을 거룩하게 지켰을 때 교회가 영적으로 부흥하고, 안식일을 소홀히 했을 때 교회가 영적으로 쇠퇴한 것을 보여주는 뚜렷한 증거들이 분명하게 나타나는 것을 알 수 있다.

이런 상관관계는 구약 시대의 이스라엘 민족의 다양한 경험에서도 똑같이 발견된다. 처음 2, 3세기 동안에 기록된 문헌들은 시간이 흐르면서 거의 모두 사라지고 단편적으로만 조금 남아 있지만 유세비우스, 순교자 유스티누스(100-165), 테르툴리아누스(150년 출생) 등이 증언하는 대로 그것만 가지고도 당시에 하나님의 백성들이 온갖 위험에 둘러싸인 상황에서도 동굴과 카타콤에서 주님의 날을 충실하게 지켰다는 사실을 입증하기에 충분하다. 그렇다면 당시의 교회는 얼마나 번영했을까?

이 질문에 대답하려면, 먼저 기독교의 번영은 세상의 인정을 받는 것으로 측정할 수 없다는 사실을 염두에 두어야 한다. "너희가 세상에 속하였으면 세상이 자기의 것을 사랑할 것이나 너희는 세상에 속한 자가 아니요 도리어 내가 너희를 세상에서 택하였기 때문에 세상이 너희를 미워하느니라"(요 15:19)라는 말씀대로 오히려 그 반대인 경우가 많다. 이 말씀을 항상 기억하고 있지 않으면, 위의 질문에 대해 완전히 잘못된 대답에 도달하게 될 것이 분명하다. 세상의 사랑과 협조가 아닌 세상의 증오와 반대가 기독교의 영적 번영을 보여주는 가장 확실한 지표다. 초기 그리스도인들이 네로를 비롯해 그를 계승한 다른 로마 황제들의 손에 의해 고난을 받았다는 것은 설명이 필요 없을 만큼 잘 알려진 사실이다. 그리스도를 따른 수많은 신자들이 피로써 자신들의 증언을 보증했다. 극심한 박해에도 불구하고, 복음은 계속해서 더욱 널리 퍼져나갔다.

시간이 흐르면서, 사탄은 안식일을 준수하는 관습을 없애기 위해 다양한 전술을 사용했고, 하나님의 축복을 실어나르는 그 통로를 막기 위해 온갖 수단과 방법을 사용하기를 서슴지 않았다. 그는 첫 번째 공격에서 언뜻 이상하면서도 효과적인 수단을 사용했다. 초기 순교자들의 충성심과 용기는 고난 속에서 번영을 누리던 교회의 깊은 존경심을 자아냈다. 참으로 안타깝게도 순교자들은 한갓 인간에 불과했을 뿐인데, 그들을 찬양하는 것이 그들을 굳게 붙잡아주셨던 하나님을 찬양하는 것을 대체하는 일이 벌어졌다. 그들이 순교한 장소와 그들의 시신이 안치된 무덤이 미신적인 숭배를 받기 시작했다. 오래지 않아 그들이 순교한 날짜까지 그들을 기리는 날로 신성시되었고, 거룩한 절기로 구별되었다.

사람들은 순교자들의 미덕을 찬미했을 뿐 아니라 그것을 기도로 사용하기까지 했다. 처음에는 신앙의 영웅인 그들의 영혼을 축복해 달라고 기도하다가 나중에는 그들을 중보자로 격상시켰다. 원수의 노력이 놀라운 성공을 거두었다. 교회력은 '성인들'을 기리는 날로 가득 채워졌고, '주님의 날'은 뒷전으로 밀려났으며, 하나님의 축복을 전달하는 통로는 막혀버렸다. 오직 안식일에만 집중되었던 거룩한 관심이 인간이 만든 다양한 제도로 분산되고 확장되었다. 기독교의 안식일을 공적으로 준수하는 것을 억압했던 이교적인 로마의 세력이 사라지기 전에도 이미 그런 인위적인 '절기들'로 인해 안식일의 신성함이 훼손되었다.

콘스탄티누스는 도시의 거주자들에게 안식일에 일반적인 노동을 삼가고, 사업 활동과 제조 작업을 중단하라는 법령을 만들었고, 법정을 비롯해 모든 공공 기관의 문을 닫으라고 명령했다. 이것은 초기 교회가 안식일을 얼마나 충실하게 지켰는지를 분명하게 보여주는 증거다.

그러나 기독교를 옹호했던 이 이상한 인물이 제정한 법률은 안식일과 인간이 만든 '절기들'을 똑같은 수준에 올려놓는 가장 파괴적인 요소를 도입했다. 그 결과는 상상하기가 그리 어렵지 않다. 하나님의 권위에서 비롯하지 않은 '절기들'이 예배자들의 양심을 지배하던 안식일의 지고한 권위와 신성성을 빠르게 잠식하기에 이르렀다. 종교적인 문제와 관련해 인간이 만든 제도를 하나님이 제정하신 제도와 동일한 수준으로 격상시키면 신적인 제도는 격하되고, 인위적인 제도는 격상되는 결과를 피하기 어렵다.

성경이 "자의적 숭배"(골 2:23)로 일컫는 것은 타락한 인간이 경건을 가장해 스스로의 부패한 성향을 만족시킬 의도로 만들어낸 거짓 예배를 가리킨다. 거짓 예배인 '자의적 숭배'가 증가할수록 참된 예배는 퇴락한다. 콘스탄티누스 이후로 진리를 도외시하는 오류와 부패가 더욱 빠르고 세차게 이루어져 비교적 짧은 시간 안에 달력이 온통 성인들의 날짜와 절기로 뒤덮였고, 주님의 날은 완전히 무시되었다. 주님의 날을 여전히 인정하는 곳에서도 그날은 여흥과 오락과 축제의 날로 전락했고, 그 타락상은 이루 다 형용하기 어려울 정도로 악하고 수치스러웠다.

당시에 교회가 영적으로 왕성했는지는 물어볼 필요조차 없다. 그런 질문은 하나님을 우롱하는 것이다. 4, 5세기에 기독교의 기준은 크게 낮아졌다. 안식일의 법령은 더 이상 충실하게 집행되지 않았고, 복음은 심각하게 부패했으며, 예배는 갈수록 이교화되었다. 충실하지 않은 기독교 세계가 자신이 뿌린 것을 거두기까지는 그리 오랜 시간이 걸리지 않았다. 하나님의 심판은 항상 일반 사회보다 교회에 먼저 임한다(벧전 4:17 참조). 하나님은 신자를 자처하는 이들이 진리를 거부하자 거짓을 믿도록 방치하셨다. 성인들의 날이 제정되고 주님의 날이 퇴락하자, 반기독교적인 세력이 크게 발흥하는 결과가 나타났다. 로마 가톨릭은 위에서 말한 악의 결과로 온전한 형태를 갖추었다. 하나님은 로마 가톨릭주의가 음란한 세대를 지배하도록 방치하심으로써 자신의 진노를 드러내셨다.

  교황주의의 발전과 지배는 영적 시련과 황폐함이 기독교 세계를 덮친 현실을 보여주는 생생한 증거다. 그 후로 '암흑시대'로 불리는 1,000년의 세월이 이어졌다. 하나님의 말씀은 더 이상 사람들에게 전달되지 않았고, 안식일은 더 이상 거룩하게 지켜지지 않았으며, 기독교 예배의 단순함도 더 이상 유지되지 못했다. 교묘한 사제술이 생명의 원천을 온통 오염시킨 탓에 더 이상 생명의 물을 얻을 수 없게 되었다.

그러나 그런 암흑의 시기에도 참된 교회가 더러 발견되었다. 하나님은 그런 상황에서도 세상에 참된 증인들을 남겨두셨다. 알프스의 보두아 골짜기에서 왈도파로 알려진 가난하고 멸시받는 사람들을 통해 한 줄기 빛이 나타났다. 부패한 교황 체제가 권력을 잡자마자 그곳 산록 지대의 거주자들은 성경에 기록된 하나님의 말씀 외에 다른 어떤 믿음의 규칙도 거부하고, 초기 기독교의 기준을 굳게 신봉하며, 성경의 가르침을 일상의 삶 속에서 그대로 실천하는 모범을 보인 것으로 유명해졌다(그들의 실천은 그 후로 누구도 쉽게 흉내 낼 수 없는 것이었다).

교회사를 조금이라도 알고 있는 사람들은 비극적이면서도 영광스러운 결과를 낳았던 당시의 사건을 잘 기억하고 있다. 로마 가톨릭교회는 용기 있고 충실하게 그리스도를 증언했던 그들을 무참하게 탄압했다. 그들 가운데 많은 사람이 "음녀들의 어미"(계 17:5 참조)의 요구에 승복하기보다 혹독한 고난과 죽음을 선택하는 영예를 누렸다. 그들이 경험했던 혹독한 박해 과정에서 그들의 저서는 대부분 소실되었지만(로마 가톨릭교회는 그들의 뿌리와 가지를 모두 잘라내기 위해 모든 힘을 기울였지만), 왈도파 신자들이 안식일을 준수했다는 것을 보여주는 충분한 증거가 지금까지 전해온다.

1100년에 저술된 『고귀한 가르침』(The Noble Lesson)은 도덕법의 구속력을 인정할 뿐 아니라(결과적으로 네 번째 계명도 포함된다), 율법과 복음의 관계에 관한 왈도파의 견해를 보여주는 중요한 원리들을 해설하고 있다. "그리스도께서는 도덕법을 변경해 폐지하지 않으셨고, 그것을 새롭게 하여 더 잘 지키게 하셨다."

왈도파 교회의 신앙고백은 성인들의 절기와 축일을 '말로 다 할 수 없이 가증한 것'으로 비판했다. 『계명의 해설』(an Exposition of the Commandments)에서도 "그리스도인들의 안식일, 곧 주님의 날을 지키는 자들은 네 가지를 주의해야 한다. 첫째는 속된 세상의 노동을 중단하는 것이고, 둘째는 죄를 짓지 않는 것이며, 셋째는 선한 일을 게을리하지 않는 것이고, 넷째는 영혼을 유익하게 하는 일을 하는 것이다."라는 내용이 발견된다. 나중에 작성된 또 다른 신앙고백은 "우리는 주일마다 하나님을 위한 열정과 우리의 하인들을 사랑하는 마음으로 세상의 일을 중단하고, 하나님의 말씀을 듣는 것에 전념해야 한다."라고 말했다. 이런 내용만으로도 왈도파 교회가 주님의 날을 거룩하게 지켰다는 사실을 입증하기에 충분하다.

그런 위험한 시기에 알프스에서 기독교가 번영을 누린 이유는 무엇일까? 지금까지 논의한 것에 대해 이런 질문을 던지는 것은 매우 적절하지 않을 수 없다. 그러나 다시 말하지만, 그릇된 기준과 척도를 적용하지 않도록 주의해야 한다. 우리는 가치를 그릇 평가하는 일이 매우 빈번하게 일어나는 시대에 살고 있기 때문에 그런 실수를 저지를 가능성이 많다. 교회의 번영은 숫자나 사회적 지위를 비롯해 사람들이 높이 존중하는 것을 기준으로 평가해서는 안 된다. 하나님을 영화롭게 하는 영적 열매들은 성령의 은혜로운 역사를 통해 나타난다. 예수 그리스도의 좋은 군사가 되어 박해를 불평 없이 감당하는 것, 극심한 고난 앞에서도 굽히지 않고 견디는 것, 강한 인내와 승리하는 믿음으로 계속되는 박해를 감내하는 것이 영적으로 건강하다는 징후다. 그런 점에서 보면 왈도파 교회는 영적 번영을 누렸던 것이 분명하다. W. M. 헤더링턴[4]은 이렇게 말했다.

"수 세기에 걸친 오랜 고통 속에서도 끝까지 굴하지 않고, 일곱 배나 뜨거운 박해의 용광로 속에서도 하나님을 영화롭게 하며, 썩지 않는 생명과 하늘의 소망을 품고 승리하는 삶을 살아가는

---

[4] W. M. 헤더링턴(W. M. Hetherington, 1803-1865). 스코틀랜드 자유 교회 목사이며 교회 역사가. 글라스고에 있는 Free Church College에서 변증학과 조직신학을 가르쳤다. 저서로는 『The Fulness of Time』(1834), 『History of the Church of Scotland』(1841), 『History of the Westminster Assembly of Divines』(1843) 등이 있다. - 편집자주

것이 종교적 번영이라면 그 광야의 교회는 놀랍도록 큰 번영을 누린 것이 분명하다. 만일 온갖 불 시련의 와중에도 최선을 다할 뿐 아니라 힘에 겹도록 애쓰고, 선교하는 교회로서 행동하며, 진리에 대한 자신의 증언을 굳게 옹호하고, 무한히 귀한 축복을 주위에 전하려고 노력하며, 반기독교적인 로마 가톨릭주의의 악한 시도에도 불구하고 참된 기독교를 유지하며 확대하려고 노력한 것이 진정한 종교적 번영이라면 충실하고 열정적인 왈도파 교회는 그야말로 영광스러운 번영을 누렸다고 할 수 있다."

"그 교회의 가르침은 프랑스 남부에 널리 퍼졌고, 그곳에서 많은 영혼을 그리스도께로 인도하는 역할을 했다. 그들의 실천적인 진리가 라인강을 따라 확대되어 수많은 사람에게 영적 생명을 보급했으며, 복음의 미래적 발전을 위한 기틀을 마련했다. 나중에 고난받은 순교자들에게 하늘의 밝은 빛을 비추는 근원지가 된 보헤미아에도 그 신성한 빛줄기가 드리웠고, 멀리 떨어진 영국에도 머지않아 왈도파 신자들의 고난을 옹호하고 온 세상에 복음의 진리를 널리 퍼뜨릴 강력한 힘을 발휘하게 될 생명의 씨앗이 전달되었다. 그것이 성경을 사랑하고 주님의 날을 지켰던 왈도파 교회의 종교적인 번영이었다. 참그리스도인이라면 누구나 그것이 오직 하나님만이 주실 수 있고, 세상이 결코 빼앗아갈 수 없는 번영이라는 것을 부인하지 않을 것이다. 그 번영의 양과 가치는 마지막날이 이르면 온전히 드러날 것이다."

로마 가톨릭교회는 마침내 왈도파 신자들을 제압하고, 자신의 유해한 오류에 대항하는 모든 사람을 제거하는 데 성공을 거두었다. 왈도파 교회는 거의 완전히 파괴되거나 억압되었다. 보헤미아에서 개혁이 시도되었지만 사정없이 진압되었다. 성경은 대중에게 오랫동안 봉인된 책이 되었고, 사제들 가운데도 심한 무지로 인해 성경을 모르는 사람이 많았다. 로마 가톨릭교회가 지배하는 곳에서는 거룩한 안식의 의미를 지닌 기독교의 안식일이 종적을 감추었다. 주일은 특별한 여흥과 오락과 공적인 구경거리와 전람회 따위를 즐기는 날로 전락했고, 모든 것이 거룩함의 외관조차 남아 있지 않은 상태로까지 퇴락하고 말았다. 결국 마귀가 완전한 승리를 거둔 것처럼 보였다.

종교개혁 시대의 안식일(주일)

그러나 주님의 지상권을 밝히 드러낼 큰 변화가 다가오고 있었다. 물질세계에서처럼 도덕적, 영적 세계에서도 변혁이 일어났다. 창조주께서 바다를 향해 "네가 여기까지 오고 더 넘어가지 못하리니 네 높은 파도가 여기서 그칠지니라"(욥 38:11)라고 명령하신 것처럼, 세상의 통치자인 주님이 악인들의 승리에 제동을 거셨다.

16세기 초, 사탄과 그의 왕국은 오늘날까지도 온전히 회복되지 않은 큰 타격을 입었다. 종교개혁의 기치 아래 기독교의 독특한 진리와 원리들이 다시금 널리 선포되었으며, 반기독교적인 오류와 관습이 강력한 반발에 부딪혔다.

오늘날 종교개혁자들의 당면 과제, 곧 그들이 극복해야 할 어려움이나 그들이 직면한 위험이 얼마나 엄청난 것이었는지를 이해할 수 있는 사람은 별로 없다. 전횡을 일삼던 교황주의 교만함과 권력이 전성기를 구가하던 무렵에 강한 저지를 당했다. 참되고 순수한 기독교가 회복되려면, 로마 가톨릭교회의 터무니없는 허구와 미신과 우상 숭배 의식을 모두 제거하고, 하나님의 계시에 근거한 진리를 다시 발견하는 것이 필요했다. 가장 먼저 회복되어 전파된 진리는 이신칭의의 교리였다. 아울러 죽은 언어로 기록된 성경을 많은 나라에서 실제로 사용하는 언어로 번역해서 사람들에게 신앙과 인격과 행위의 유일한 규칙으로 제시하는 일과 오랫동안 인간이 만든 온갖 절기에 묻혀 종적도 없이 사라졌던 주님의 날을 다시 회복하는 엄청난 과업이 잇따라 이루어졌다.

  종교개혁자들이 감당했던 일은 너무나도 방대하고, 어렵고, 힘들었을 뿐 아니라 몹시 힘겨운 상황에서 이루어졌기 때문에 결코 오류를 범하지 않았을 것처럼 보이는 그들이 설혹 어떤 것을 다른 것만큼 잘하지 못한 것으로 드러나더라도 그렇게 놀랄 필요는 없다.

  오히려 우리는 그들이 선한 일의 도구가 되어 너무나도 많은 것을 이룩한 사실에 놀라며 감사해야 한다. 사실 그들은 주님의 날에 관해 확고하고 분명한 설명을 제시하지 못했다. 그들이 구약 시대의 전체적인 체계는 예표적인 성격을 띠고 있고, 그것이 나중에 신약 시대에 와서 성취되었다는 원리를 채택한 것이나 공식적인 제사장 제도를 구축해 희생 제사를 지속했던 로마 가톨릭교회의 오류를 기독교 교회 안에서 제거한 것은 옳았지만, 안식일과 관련된 원리는 그릇 적용하는 잘못을 저질렀다. 좀 더 정확하게 말하면, 그들은 그것을 그릇 적용함으로써 안식일의 신성한 의무를 떠받칠 올바른 토대를 확립하는 데 실패하고 말았다.

종교개혁자들이 기독교의 안식일의 필요성과 의무를 주장하고, 개인적으로 모범을 보인 것은 사실이다. 그러나 그들이 쉽게 곡해되어 그릇 적용하기 쉬운 표현이나 말을 사용했다는 것도 인정해야 할 필요가 있다.

그런 일은 특히 루터 교회에서 빠르게 일어났다. 그들은 칼빈주의자들에 비해 교리적으로 덜 건전했기 때문에 안식일을 준수하는 일에 곧 해이해졌다. 이 문제는 한 믿을 만한 저술가가 "루터 교회의 성직자들 가운데 격심한 전쟁이 일어나 독일을 그토록 오랫동안 황폐하게 만든 원인이 안식일을 더럽히는 심각한 행위가 만연했기 때문에, 곧 불경죄 때문에 나라에 심판이 임한 것이 아닌가 의심하는 사람들이 많았다."라고 말할 정도로 심각했다.

안식일의 준수와 종교적인 번영의 상관관계를 입증하는 가장 뚜렷하고 포괄적인 증거가 17세기에 영국에서 나타났다. 당시의 역사를 알고 있다면, 청교도들이 주님의 날을 거룩하게 지키라는 명령을 특별히 엄격하게 지킨 것으로 유명하다는 사실을 잘 알 것이 분명하다.

이런 특징은 스코틀랜드 사람들이나 국교회에서 이탈한 사람들에게만 국한되지 않고, 국교회에 속한 사람들 모두와 관계가 있었다. 잘 알려지지 않은 사실이지만, 신적 권위를 가장 강력하게 주장했고 기독교의 안식일이 불가침의 신성성을 지닌다고 믿었던 『웨스트민스터 신앙고백』을 작성했던 약 120명의 성직자 가운데 스코틀랜드 사람과 독립교회에 속한 사람들은 각각 네 명과 다섯 명에 불과했고, 나머지는 모두 국교회에서 성직자로 임명된 사람들이었다.

안식일을 거룩하게 지켰던 시기가 순수한 영적 종교가 가장 자유롭고 크게 번영했던 시기였다. 하나님의 도구가 되어 안식일의 준수에 기여했던 사람들이 저술한 책들은 지금도 여전히 영국의 종교 문헌 가운데 가장 귀한 보화로 남아 있다. 하나님의 은혜가 그렇게 분명하게 드러났고, 참된 경건이 그렇게 왕성하게 나타났고, 성령의 능력이 사도 시대 이후로 그렇게 강력하게 나타난 적은 일찍이 없었다. 그러나 하나님의 축복이 넘치는 시기가 그렇게 갑자기 중단해버린 때도 일찍이 없기는 마찬가지였다. 찰스 2세의 왕정복고로 인해 영국 청교도주의의 세력이 꺾이고, 부도덕함이 홍수처럼 온 나라를 휩쓸었다. 거듭나지 못한 귀족들과 평민들이 일치단결해 안식일의 준수가 광신적인 청교도주의의 산물이라고 비난했다.

17, 18, 19세기의 안식일(주일)

안식일을 더럽히는 행위가 만연하자, 그로 인한 끔찍한 결과가 곧 드러났다. 영국의 종교와 사회에 하나님의 엄중한 심판이 내려졌다. 18세기 전반부를 지나는 동안, 강단에서는 심각한 오류들이 나타났고, 교인석에는 영적 죽음이 임했으며, 대중들 가운데서는 불신앙과 방탕함이 기승을 부렸다. 사람들은 경건한 입법자들이 만든 의로운 제재 장치에서 자유롭게 되는 것을 기쁘게 생각했다. 사탄이 또다시 주목할 만한 승리를 거두었다. 그러나 사탄이 승전의 기쁨을 누리는 것은 그리 오래가지 않았다. 조지 휫필드(1714-1770)와 그의 동료들을 통해 부흥이 일어났고, 경건한 삶이 새로운 활력을 얻었으며, '주님의 날'이 다시금 올바른 위치로 회복되었다.

19세기에 접어들자, 하나님과 인류의 원수인 사탄은 새로운 작전을 개시해 교리적 차원에서 공격을 가함으로써 이 거룩한 제도의 기초를 훼손하려고 했다. 그는 그리스도의 사역자를 자처하고, 진리의 수호자라고 주장하는 사람들의 마음을 미혹했다. 그는 그들 가운데 많은 사람을 유혹해 안식일은 폐지되었기 때문에 신약 시대에는 해당하지 않는다고 믿게 했고, 기독교 시대에 안식일을 준수하는 것은 개인적인 선택의 문제라는 생각을 부추겼다.

그 결과, 오늘날 소위 '기독교적 자유'라는 용어로 무분별한 관용이 베풀어지고 있다. 사탄은 안식일에 관한 증언이 수많은 강단에서 사라지게 만드는 데 성공했고, 조금 남아 있는 강단에서도 대부분 그 기준을 터무니없게 낮추도록 유도했다. 이것은 나쁜 누룩과 같은 역할을 했다. 그로 인해 수많은 신자들이 이 문제에 대해 아무런 양심의 가책도 느끼지 못할 정도가 되고 말았다. 사람들은 한두 차례 예배만 참석하면 주일의 의무를 온전히 이행했다고 생각했다.

그런 식으로 오염된 사역이 대중에게 어떤 결과를 미칠 것인지를 예측하는 데는 그렇게 많은 생각이 필요하지 않다. 군사적인 비유를 사용하면, 이 중요한 사역과 관련해 사역자들의 입에 재갈을 물리는 것은 요새의 대포들을 작동하지 못하게 만드는 것과 같다. 대포들이 작동하지 않으면 요새는 쉽게 함락된다.

사람들이 신성한 율법의 해설자로 우러러보는 사람들이 안식일을 믿지 않는다면 과연 누가 남아서 안식일을 더럽히는 것을 막기 위해 제정한 법령들을 아무렇게나 다루는 불경스러운 정치인들의 행위에 저항하겠는가? 만일 그리스도인을 자처하는 수많은 사람이 안식일에 한두 차례 예배에 참석하는 것으로 안식일의 의무를 다 이행했다고 생각한다면, 경건하지 못한 대중들이 '눈부신 일요일'을 갈수록 더 크게 외치고, 정부 당국자들이 그들의 요구에 갈수록 더 순응한다고 한들 놀랄 일이 무엇이겠는가?

안식일은 신약 시대에도 적용되는가?

이번에는 안식일이 신약 시대에 적용되지 않는다고 주장하는 사람들이 내세우는 주장 가운데 몇 가지를 잠시 생각해 보자. 첫째, 그들은 십계명이 유대인에게만 주어졌다고 주장한다. 그런 주장은 터무니없다. 도덕법이 이방인에게 구속력을 지니지 않는다면 하나님은 어떤 기준으로 그들을 심판하실 것인가? "율법이 없는 곳에는 범법도 없느니라"(롬 4:15).

그런 주장이 잘못되었다는 사실은 "우리가 알거니와 무릇 율법이 말하는 바는 율법 아래에 있는 자들에게 말하는 것이니 이는 모든 입을 막고 온 세상으로 하나님의 심판 아래에 있게 하려 함이라"(롬 3:19)라는 말씀을 통해 명백하게 드러난다. 이보다 더 분명한 사실은 없다. 온 인류가 '율법 아래 있고', 모든 사람이 그것으로 유죄 판결을 받는다.

둘째, 그들은 그리스도인은 "법 아래에 있지 아니하고 … 은혜 아래에 있다"고 주장한다(롬 6:14 참조). 말은 그럴듯하지만 속아서는 안 된다. 그들이 말하려는 의도가 무엇인지를 잘 파악해야 한다.

신자는 더 이상 '율법', 곧 행위 언약 아래 있거나 그 끔찍한 저주와 정죄함을 당하지 않지만, 고린도전서 9장 21절이 분명하게 말씀하는 대로 "그리스도의 율법(행위의 규칙) 아래에 있다." 신자는 "그가 행하시는 대로 자기도 행할" 의무가 있다(요일 2:6). 그리스도께서는 도덕법을 온전히 이행하셨다(시 40:8). 하나님이 성령을 신자에게 허락하신 이유는 자신의 사랑을 그의 마음속에 부어주어 그 사랑을 온전히 이룰 수 있는 능력을 주기 위해서다(롬 5:8, 13:8-10).

셋째, 그들은 구약성경이 가르치는 안식일의 계명은 그리스도께서 제공하실 영적 안식을 가리키는 예표적이고 의식적인 성격을 띤 것이기 때문에 실재가 온 뒤에는 그림자는 사라지는 법이라고 주장한다.

그러나 그런 주장이 사실이라면, 신명기 4장 13절이 말씀하는 것과는 다르게 도덕법이 '십계명'이 아닌 단지 '구계명'으로만 구성되는 셈이다. 안식일의 계명이 십계명에 포함되었다는 사실 자체가 그것의 본질적인 도덕적 성격을 분명하게 드러낸다. 따라서 이 계명은 지속적인 성격을 띤다. 네 번째 계명도 다른 아홉 계명과 마찬가지로 하나님이 친히 돌판에 새겨주신 것이다. 의식법 가운데는 그렇게 주어진 계명이 단 한 가지도 없었다. 더욱이 안식일은 의식법이 이스라엘 백성에게 수여되기 오래전, 곧 예표나 그림자나 그리스도에 관한 약속이 주어지기 오래전에 제정되었다. 즉 안식일은 타락 이전, 곧 희생 제사가 필요하기 이전에 에덴동산에서 제정되었다.

이밖에도 안식일을 신약 시대와 무관한 것으로 만들고 싶어 하는 사람들은 갈라디아서 4장 10-11절을 자신들의 논거로 제시한다. "너희가 날과 달과 절기와 해를 삼가 지키니 내가 너희를 위하여 수고한 것이 헛될까 두려워하노라."

이 말씀은 갈라디아 신자들이 유대화되는 것, 곧 그들이 이스라엘의 의식법에 속박되는 것을 지적한 것이다. 거짓 교사들은 구원을 받으려면 할례를 받아야 한다고 주장했다(갈 5:2, 6, 6:15). '날'과 '달'은 지금은 폐지된 유대교의 절기와 관련이 있는 것이었다. 성령께서 그것을 "약하고 천박한 초등학문"(갈 4:9)으로 일컬으신 사실이 기독교의 안식일이 여기에 포함되지 않는 다는 명백한 증거다. 안식일은 결코 그런 식으로 묘사될 수 없었다.

그들은 또한 "그러므로 먹고 마시는 것과 절기나 초하루나 안식일을 이유로 누구든지 너희를 비판하지 못하게 하라"(골 2:16)라는 말씀을 내세운다. 이것은 안식일이 그리스도인에게 구속력을 지니지 않는다고 주장하는 사람들이 좋아하는 구절이다. 그러나 그들이 이 구절을 거론하는 것 자체가 그들의 견해가 얼마나 터무니없는 것인지를 잘 보여준다.

여기에서 "안식일"로 번역된 헬라어는 복수다(성경 번역자들은 이 탤릭체로 '날들'이라고 표기함으로써 그 점을 분명하게 표현한다). 이런 사실은 이것이 매주 돌아오는 안식일이나 도덕법을 가리키지 않는다는 것을 암시한다. '안식일들' 앞에 정관사가 없는 것도 바울 사도가 매주 돌아오는 안식일을 염두에 두고 말하지 않았다는 확실한 증거다. "먹고 마시는 것과 절기나 초하루"라는 말이 암시하는 대로, 그의 목적은 골로새 신자들에게 의식법과 관련된 것들을 경고하기 위한 것이었다.

다른 반론들

어떤 사람들은 자오선이 만들어내는 시차를 근거로 모든 사람이 정확하게 똑같은 날을 지킬 수 없기 때문에 안식일을 지키는 것이 하나님의 뜻이 아니라는 어리석은 주장을 제기한다. 동쪽이나 서쪽을 향해 항해하면 날짜가 바뀌기 때문에 이런 하찮은 주장이 어느 정도 일리가 있는 것처럼 들릴지 모르지만 일곱째 날, 곧 한 주간의 7분의 1을 하나님을 위해 거룩하게 구별해 그분을 예배하는 데 사용하라는 것이 안식일이 제정된 본래의 취지라는 점을 기억하면, 이 반론은 논할 가치조차 없어진다.

성경은 안식의 날이 세상 모든 곳에서 똑같은 시간에 시작해서 똑같이 끝나야 한다고 명령하지 않는다. 그것은 하나님의 창조 법칙에도 부합하지 않는다. 북반구에 살든지 남반구에 살든지 모든 사람이 똑같은 양의 시간을 안식일로 지킨다면 그것으로 족하다.

지금까지 히브리서 4장 8-10절을 중심으로 안식일의 기독교화라는 주제를 논했다. 여기에서 안식일을 일요일이 아닌 토요일에 지켜야 한다고 주장하는 사람들의 오류까지 논박할 필요는 없을 듯하다.

　우리가 주목해야 할 가장 중요한 사실은 하나님이 시간의 7분의 1을 따로 구별해 자기를 예배하는 데 사용하기를 원하신다는 것이다. 하나님이 한 주간의 일곱째 날을 안식일로 지키라고 명령하셨다는 것을 구체적으로 진술하고 있는 구절은 성경 어디에도 없다. 본래 요일이 정확하게 정해지지 않은 상태에서 엿새 동안 일하고, 그 뒤에 하루의 안식이 이루어졌다. 안식일이 토요일에서 일요일로 바뀌었다고 해서 율법이 바뀐 것이 아니다. 단지 안식일을 지키는 방식이 달라졌을 뿐이다.

　사도들이 한동안 회당에 자주 나갔던 것은 사실이다. 그러나 그들이 유대인들에게 특별한 관심을 기울였던 이유는 은혜의 선택에 따라 그들 가운데 남은 자들을 회심으로 이끌기 위해서였다(롬 1:16). 그들은 일곱째 날에 자주 회당에 가서 복음을 전했다(행 13:14, 16:13). 사도들은 유대인들이 거룩한 것에 관심을 기울일 준비가 된 때를 기회로 삼아 더 많은 사람들에게 복음을 전하기 위해 그들의 모임에 나갔다. 바울이 유월절에 예루살렘에 도착하려고 애썼던 것도 그런 이유에서였다(행 20:16).

　그러나 그리스도인들이 일곱째 날에 함께 모여 하나님을 예배해야 한다고 가르치는 성경 말씀은 어디에서도 발견되지 않는다.

  이제 모든 논의를 다 마쳤다. 부족한 점이 매우 많지만 하나님이 이 연약한 노력을 어여삐 여겨 자기 백성들에게 이 거룩한 제도를 더욱 엄격하게 준수하도록 독려하는 수단으로 삼으시고, 그들의 영향력을 통해 안식일을 더럽히는 죄를 막아 주신다면 나의 수고는 헛되지 않을 것이다.

  "잘 지켜진 안식일은 만족스러운 한 주간과 내일의 수고를 감당할 힘을 가져다준다. 그러나 더럽혀진 안식일은 무엇을 가져다줄까? 그것은 재앙의 확실한 전조일 뿐이다."

부록

안식일, 거룩하게 지켜야 할 날 _ J. C. 라일

"안식일을 기억하여 거룩하게 지키라"(출 20:8).

오늘날 모든 신자가 진지하게 관심을 기울여야 할 주제가 있다. 그것은 바로 기독교의 '안식일', 곧 '주님의 날'이다. 이것은 우리가 관심을 기울이지 않으면 안 될 주제다. 이 주제와 관련된 문제들은 많은 사람에게 여러 가지 의구심을 불러일으킨다. "안식일의 계명이 그리스도인들에게 구속력을 지니는가? 우리가 사람들에게 주일에 사업을 하거나 즐거움을 추구하는 것이 죄라고 말할 권리가 있는가? 주일에 공중 오락 시설을 운영하는 것이 바람직한가?"라는 질문들이 항상 제기된다. 우리는 이런 질문들에 대해 분명한 대답을 제시해야 한다.

이 주제를 둘러싸고 '갖가지 이상한 교리들'이 난무한다. 순진하고 솔직한 태도로 성경을 읽는 사람들이 하나님의 말씀에서 아무런 근거를 찾을 수 없는 주장들을 종종 제기한다. 무지하고 불경스러운 사람들만 그런 주장을 제기한다면 안식일의 옹호자들이 놀랄 이유가 별로 없을 것이다. 그러나 교육도 받고 믿음도 있다는 사람들이 안식일의 반대자들 가운데서 발견된다면 의아한 생각이 들 수밖에 없다. 안식일을 가장 열심히 옹호해야 할 사람들이 그것을 폄훼하는 일이 일각에서 벌어지고 있는 것은 개탄스러운 현실이 아닐 수 없다.

이것은 더할 나위 없이 중요한 주제다. 기독교의 번영과 쇠퇴가 안식일 준수에 달려 있다는 것은 아무리 강조해도 지나치지 않다. 주일을 보호하고 있는 울타리를 무너뜨리면 주일 학교가 와해될 것이고, 주일에 쾌락을 추구하고 세상의 일을 일삼는 행위를 제재하지 않고 용인하면 회중의 규모가 줄어들 것이다. 지금 이 나라에는 경건한 믿음을 찾아보기가 어렵다. 안식일의 신성성을 파괴하면 경건한 믿음이 더욱더 줄어들 것이다. 주일을 보호하는 법적 장치를 제거하는 것보다 사탄의 왕국을 더 빠르게 성장시키는 것은 없다. 그렇게 되면 경건하지 않은 사람들은 즐거울 테지만 하나님은 분노와 모욕감을 느끼실 것이다.

지금부터 안식일이라는 주제를 알기 쉬운 말로 간단하게 설명할 생각이다. 그리스도인들은 모두 진지하게 귀를 기울여주기 바란다. 나는 그리스도의 사역자이자 한 가정의 가장이요 나라를 사랑하는 한 사람으로서 오랜 전통을 지닌 기독교의 안식일을 힘써 옹호해야 할 의무감을 느낀다. 나의 견해는 "안식일을 거룩하게 지키라."라는 성경 말씀을 근거로 한다. 그리스도인은 안팎에 있는 모든 원수에 맞서 안식일을 굳게 지켜야 한다. 이것은 힘써 싸울 만한 가치가 있는 일이다.

안식일과 관련해 신중히 살펴봐야 할 것이 네 가지 있다. 그것들을 차례로 하나씩 언급하면 다음과 같다.

안식일의 권위

먼저 안식일이 어떤 권위에 근거하는지 생각해 보자. 이 점을 분명하게 이해하는 것은 매우 중요하다. 안식일의 원수들은 이 토대를 무너뜨리려고 애쓴다. 그들은 안식일이 '유대인의 관습'이기 때문에 희생 제사를 드려야 할 필요가 없는 것처럼 안식일도 더 이상 거룩하게 지킬 필요가 없다고 주장한다. 그들은 안식일의 준수는 성경적 근거는 없고, 단지 교회의 권위에 근거할 뿐이라고 외친다. 나는 그런 주장을 펼치는 사람들이 전적으로 잘못되었다고 확신한다.

안식일 준수가 하나님의 영원한 율법에 근거한다는 것이 나의 굳센 신념이다. 안식일은 일시적인 유대교의 관습도 아니고, 사제술에서 비롯한 인위적인 제도도 아니며, 교회가 아무 근거 없이 부과한 의무도 아니다. 안식일은 하나님이 인류를 계도하기 위해 계시하신 영원한 규례 가운데 하나다. 성경을 믿지 않는 나라들은 다른 규례들과 함께 이 규례를 망각한 채 미신과 이교주의라는 쓰레기 더미 속에 사장시켰다. 그러나 이 규례는 본래 아담의 모든 후손에게 지속적인 구속력을 지니도록 계획된 것이었다.

그렇다면 성경은 뭐라고 가르칠까? 이 점이 가장 중요하다. 대중의 견해나 신문 기자들의 생각은 전혀 중요하지 않다. 우리는 사후에 인간의 법정에 서지 않는다. 우리를 심판하는 재판장은 성경의 하나님이시다. 하나님은 과연 어떻게 말씀하실까?

1) 창조의 역사로 거슬러 올라가 보자. 태초에 하나님은 "일곱째 날을 복되게 하사 거룩하게 하셨다"(창 2:3 참조). 만물이 처음 시작했을 때부터 안식일이 언급되었다. 인류의 조상이 창조된 그날, 그에게 다섯 가지가 주어졌다. 하나님은 그에게 거할 장소, 해야 할 일, 지켜야 할 명령, 그를 도울 조력자, 지켜야 할 안식일을 허락하셨다. 하나님이 아담의 후손들이 안식일을 지키지 않아도 될 시대가 오리라는 것을 염두에 두셨을 가능성은 전혀 없다.

2) 이번에는 시내산에서 주어진 율법을 생각해 보자. 안식일은 십계명 가운데 하나였고, 그 내용은 그 가운데서 가장 길고 상세했다(출 20:8-11). 십계명은 모세 율법의 다른 계명들과는 분명하게 구별된다. 십계명은 모든 이스라엘 백성이 귀로 들을

수 있게 반포된 유일한 율법이었다. 하나님은 십계명을 말씀하고 나서 "더 말씀하지 않으셨다"(신 5:22 참조). 십계명은 매우 엄숙한 상황에서 반포되었으며, 우레와 번개와 지진이 동반되었다. 하나님이 친히 돌판에 새겨주신 율법이나 언약궤 안에 안치된 율법은 오직 십계명뿐이었다. 안식일의 율법이 우상 숭배, 살인, 간음, 도둑질 등과 같은 율법들과 나란히 주어졌다. 따라서 안식일이 단지 일시적인 의무로 주어졌다고 생각할 근거는 전혀 없다.

3) 구약 시대 선지자들의 글도 마찬가지다. 선지자들은 도덕법을 어긴 가장 중대한 범죄들과 나란히 안식일을 어긴 죄를 여러 차례 언급했다(겔 20:13, 16, 24, 22:8, 26). 그들에 따르면, 그 죄는 이스라엘이 심판을 받아 바벨론에 포로로 끌려가게 만든 큰 죄 가운데 하나였다(느 13:18; 렘 17:19-27). 그들은 안식일을 정결법이나 의식법보다 훨씬 더 중요하게 다루었다. 그들의 글을 읽어보면 네 번째 계명이 언젠가 사라지게 될 율법 가운데 하나였다고 생각하기가 불가능하다.

4) 그렇다면 주 예수 그리스도께서는 세상에 계실 때 어떻게 가르치셨을까? 주님은 십계명 가운데 어느 하나도 소홀히 다루지 않으셨다. 오히려 그분은 사역을 시작하면서 "내가 율법이

나 … 폐하러 온 것이 아니요 완전하게 하려 함이라"라고 말씀하셨다(마 5:17).

이 말씀의 문맥을 살펴보면, 그분이 의식법이 아닌 도덕법을 언급하셨다는 사실을 분명하게 알 수 있다. "네가 계명을 아나니"(막 10:19)라는 말씀에서 알 수 있는 대로, 주님은 십계명을 도덕적으로 옳고 그름을 판별하는 기준으로 간주하셨다. 주님은 안식일을 열한 차례 언급하셨지만 항상 바리새인들이 모세 율법에 덧붙인 미신적인 규칙들을 옳게 교정해 주셨을 뿐, 그날의 신성성을 부인하지 않으셨다. 그분이 그런 식으로 안식일을 폐지하지 않으신 것은 집을 허물지 않은 채로 지붕에 낀 이끼나 잡초만을 제거하는 것에 비유할 수 있다.

주님은 예루살렘의 멸망을 예고하면서 제자들에게 "너희가 도망하는 일이 겨울에나 안식일에 되지 않도록 기도하라"(마 24:20)라고 말씀하셨다. 이것은 그분이 안식일의 영속성을 당연시하셨다는 명백한 증거다. 이 모든 것을 고려하면 네 번째 계명도 나머지 아홉 계명과 똑같이 그리스도인에게 구속력을 지닌다는 것을 분명하게 알 수 있다.

5) 이번에는 사도들의 글을 잠시 살펴보자. 사도들은 의식법과 그와 관련된 다양한 제도와 희생 제사가 일시적인 성격을

지녔다고 말했다. 그들은 그런 것들을 '약하고 천박한' 것으로 일컬었다. 그런 것들은 "장래 일의 그림자"(골 2:17), "우리를 그리스도께로 인도하는 초등교사"(갈 3:24), "개혁할 때까지 맡겨 둔 것"(히 9:10)에 해당했다.

그러나 십계명 가운데 어느 하나가 폐지되었다고 말하는 내용은 사도들의 글에서 전혀 발견되지 않는다. 바울은 도덕법이 하나님 앞에서 의롭다 하심을 받는 근거가 될 수 없다고 말하면서도 그것을 극도로 존중하는 태도를 보였다. 그는 에베소 신자들에게 부모에 대한 자녀의 의무를 가르치면서 "네 아버지와 어머니를 공경하라 이것은 약속이 있는 첫 계명이니"(엡 6:2)라는 말로 다섯 번째 계명을 인용했다(롬 7:12, 13:8; 딤전 1:8 참조). 야고보와 요한도 신자들에게 보낸 서신에서 도덕법을 확고하고 명백한 규칙으로 인정했다(약 2:10; 요일 3:4).

이로써 볼 때, 사도들이 율법을 언급하면서 열 가지 계명이 아닌 아홉 가지 계명만을 언급했다고 생각하기는 불가능하다.

6) 이번에는 사도들이 그리스도의 교회를 설립하면서 따랐던 관습을 생각해 보자. 그들은 한 주간의 하루를 거룩한 날로 지켰다(행 20:7; 고전 16:2). 사도들 가운데 한 사람은 그날을 "주의 날"로 일컬었다(계 1:10). 요일이 변한 것은 틀림없는 사실이다.

주님의 부활을 기념하기 위해 일곱째 날 대신 한 주간의 첫째 날이 안식일로 제정되었다. 그들이 요일을 변경한 것은 하나님의 영감을 받아 이루어진 것이 틀림없다. 그러나 그들은 그런 사실을 공적으로 선언하지 않는 지혜를 발휘했다. 만일 그 사실을 공적으로 선언했다면 유대인들의 반감을 불러일으켜 불필요한 논쟁을 야기했을 것이다. 그런 변화는 연약한 형제들의 양심을 강요하지 않고 서서히 확고하게 자리를 잡게 만드는 것이 더 나았다. 사소한 변화로 인해 네 번째 계명의 정신이 훼손되는 일이 있어서는 안 되었다. 한 주간의 첫째 날도 엿새 동안 일하고 나서 일곱째 날에 안식을 누리는 것과 똑같은 안식의 날이었다. 만일 사도들이 어떤 날을 다른 날보다 더 거룩하게 지키지 않았다면 굳이 '그 주간의 첫날'이나 '주의 날'이라는 표현을 사용한 이유를 설명하기가 어렵다.

7) 이번에는 성취되지 않은 예언을 잠시 살펴보자. 성경은 마지막날에 하나님을 아는 지식이 온 세상을 뒤덮게 될 때도 안식일이 여전히 존재할 것이라고 예언한다. "매 안식일에 모든 혈육이 내 앞에 나아와 예배하리라"(사 66:23). 이 예언은 매우 심오하다. 내가 모든 것을 다 알고 있는 척할 생각은 조금도 없다. 그러나 한 가지는 분명하다. 장차 세상에 영광스러운 날이

도래했을 때도 유대인만이 아니라 "모든 혈육"을 위한 안식일이 존재할 것이다. 따라서 하나님이 예수님의 초림과 재림 사이에 안식일이 중단되도록 의도하셨을 리가 만무하다. 나는 하나님이 안식일을 교회의 영원한 규례 가운데 하나로 제정하셨다고 믿는다.

성경을 근거로 한 이 모든 논증에 진지하게 관심을 기울여주기를 바란다. 교회가 있는 곳이면 어디서나 안식일을 지키는 것이 하나님의 분명한 뜻이다. 나는 안식일이 없는 교회는 성경을 믿는 교회가 아니라고 확신한다.

이 시대의 풍조를 고려할 때 특별히 주의해야 할 점을 두 가지만 당부함으로써 이번 항을 마치고 싶다.

하나는 구약성경을 경시하지 않도록 주의하자는 것이다. 최근에 구약성경에 근거한 종교적인 주장은 무엇이든 경시하고 무시할 뿐 아니라 구약성경을 믿는 사람을 무지하고, 미개하고, 구태의연한 사람으로 간주하는 잘못된 풍토가 조성되었다. 구약성경도 신약성경과 똑같이 하나님의 영감으로 기록된 말씀이라는 사실을 잊어서는 안 된다.

구약성경과 신약성경의 근원은 똑같다. 구약성경이 복음의 봉오리라면 신약성경은 복음의 꽃이다. 구약성경이 복음의 새

싹이라면 신약성경은 복음의 이삭이다. 구약 시대의 신자들은 많은 것을 거울을 통해 희미하게 보았지만 우리와 마찬가지로 믿음으로 그리스도를 바라보았고, 성령의 인도하심을 받았다. 따라서 구약성경을 우습게 여기는 사람들의 말에 귀를 기울여서는 안 된다. 무지한 태도로 구약성경을 멸시하는 데서 많은 불신앙이 초래된다.

또 하나는 십계명을 무시하지 않도록 주의하자는 것이다. 참으로 개탄스럽게도 이 주제에 관한 많은 사람의 견해가 얼마나 엉성하고 불건전한지 모른다. 성직자들이 그것을 유대교에 속한 것처럼 말하는 것을 보고 놀란 적이 한두 번이 아니다. 그들은 그것을 희생 제사나 할례와 같은 범주에 속한 것으로 간주한다. 그런 사람들이 어떻게 교인들에게 매주 십계명을 가르칠 수 있는지 참으로 궁금하기 짝이 없다. 그리스도의 복음이 시작된 후에도 십계명의 위치는 조금도 변하지 않았다. 복음은 오히려 십계명의 권위를 더 높게 격상시켰다. 십계명을 해설하고 실천하는 것도 십자가에 못 박히신 그리스도를 전하는 것 못지않게 중요하다. 십계명을 통해 죄를 깨닫는다. 성령께서는 십계명으로 사람들에게 구세주의 필요성을 일깨우신다. 주 예수님은 십계명을 통해 자기 백성에게 하나님과 동행하는 삶과 그분을 기쁘시게 하는 법을 가르치신다. 만일 강단에서 십계명을 지금보다 더 자주 가르친다면 교회가 더 큰 유익을 얻게 될 것이다. 오늘날 사람들이 안식일에 대해 무지한 이유는 네 번째 계명을 잘못 이해하고 있기 때문이다.

안식일의 목적

내가 살펴보려는 두 번째 요점은 안식일이 제정된 목적이다. 이 문제는 반드시 짚고 넘어가야 할 필요가 있다. 안식일에 관한 어처구니없는 주장들 중에는 이 문제와 관련된 것들이 많다. 오늘날 안식일을 거룩하게 지키는 것이 마치 자신에게 큰 해가 되는 것처럼 항변의 목소리를 높이는 사람들이 한둘이 아니다. 그들은 안식일 준수를 할례나 정결법이나 의식법과 같이 무거운 멍에를 짊어지는 것처럼 생각한다.

그러나 안식일은 하나님이 온 인류를 유익하게 할 목적으로 제정하신 은혜로운 제도다. 안식일은 "사람을 위하여 있다" (막 2:27 참조). 그날은 성직자와 평신도를 비롯해 모든 계층의 사람들을 유익하게 하기 위해 주어졌다. 그것은 멍에가 아닌 축복이요, 무거운 짐이 아닌 은혜이며, 힘들고 성가신 요구가 아닌 엄청난 공익을 가져다주는 선물이다. 안식일을 믿음으로 지키려면 그것을 지키는 이유를 이해해야 한다. 안식일을 지키는 데는 그에 상응하는 보상이 뒤따른다. 안식일 준수는 육체와 정신을 새롭게 하고, 국가를 이롭게 할 뿐 아니라 무엇보다도 영혼을 유익하게 한다.

1) 안식일은 육체를 새롭게 한다. 우리에게는 안식의 날이 필요하다. 이 점은 의료 종사자들이 모두 동의하는 것이다. 인간의 육체가 아무리 경이롭고 뛰어나게 만들어졌다고 하더라도 정기적인 휴식 없이 끊임없이 일만 하는 것을 견딜 수는 없다. 캘리포니아의 금 채굴자들도 이런 사실을 곧 의식했다. 그들 중에는 일확천금을 꿈꾸는 무분별하고 경건하지 못한 사람들이 많았지만 생명을 유지하려면 일곱째 날의 안식이 절대적으로 필요하다는 사실을 깨우쳤다. 그들은 안식의 날이 없으면 금을 채굴하기 위해 땅을 파는 것이 스스로의 무덤을 파는 것이라는 사실을 깨달았다.

나는 열심히 일하는 성직자들이 종종 건강을 잃게 되는 이유가 안식의 날을 제대로 누리기가 어렵기 때문이라고 생각한다. 만일 육체가 자기가 원하는 것을 말로 표현할 수 있다면 "안식일을 기억하라."라고 크게 소리칠 것이 분명하다.

2) 안식일은 정신을 새롭게 한다. 정신도 육체와 마찬가지로 휴식이 필요하다. 쉬지 않고 정신적 긴장 상태를 유지하는 것은 불가능하다. 잠시 긴장을 풀며 정신력을 회복할 시간이 있어야 한다. 그러지 않으면 정신이 일찍 쇠약해지거나 활이 부러지듯 갑작스레 작동을 멈출 수도 있다. 이 문제와 관련해 유명한 박애주의자인 윌버포스가 남긴 말은 매우 의미심장하다. 그는 자신이 끝까지 버틸 수 있었던 것은 안식일을 정기적으로 지켰기 때문이라고 말했다. 그는 지성이 가장 뛰어난 동시대인들 가운데 일부가 갑작스레 쇠약해져 불행한 최후를 맞이하는 것을 목격하고, 그런 정신적인 파멸의 참된 원인이 네 번째 계명을 제대로 지키지 않은 것에 있다는 사실을 깨달았다.

3) 안식일은 국가를 이롭게 한다. 안식일은 한 나라의 현세적인 번영과 백성들의 성품에 큰 영향을 미친다. 일주일에 하루를 정기적으로 쉬는 민족과 국가가 휴식을 전혀 취하지 않는 민족보다 일도 더 잘하고, 더 많이 한다. 그들의 손은 더 강해지고, 그들의 정신은 더 맑아지고, 그들의 집중력과 인내는 더욱 증대된다.

4) 안식일은 영혼을 유익하게 한다. 영혼도 정신과 육체만큼

필요한 것이 있다. 바쁘고 분주한 세상 속에서 영혼의 관심사가 뒷전으로 밀려날 위험이 항상 존재한다. 그런 관심사를 옳게 돌아보려면 따로 구별된 특별한 날이 필요하다. 정기적으로 영혼의 상태를 살필 수 있는 시간이 있어야 한다. 우리가 영원한 천국에 갈 준비가 되어 있는지를 점검하고 살펴야 할 날이 필요하다. 안식일을 제거하면 신앙생활이 곧 종말을 고하게 될 것이다. 안식일을 지키지 않으면 결국에는 하나님을 믿는 믿음도 잃게 된다.

많은 사람이 "종교의 목적은 날이나 절기를 지키는 것에 있지 않다."라고 말한다. 일리 있는 말이다. 단지 안식일을 지키는 것만으로는 영혼을 구원할 수 없다. 그러나 나는 그들에게 과연 안식일을 거룩하게 지키지 말라고 가르치는 종교가 어떤 종교냐고 묻고 싶다.

또 어떤 사람들은 참된 그리스도인은 "모든 날을 거룩하게 보내야 한다."라고 주장하면서 그것을 근거로 주일의 특별한 신성성을 깎아내린다. 나는 그런 사람들의 양심적인 신념을 존중한다. 나도 '일상의 종교'를 주장하는 사람들처럼 단지 안식일만을 중시하는 기독교는 바람직하게 생각하지 않는다. 그러나 그들의 주장은 비성경적이며 불건전하다. 인간의 본성을 고려할 때 모든 날을 주님의 날로 간주하려는 시도는 결국 주님의 날이 하루도 없는 결과를 낳을 것이 불을 보듯 뻔하다. 제정신이 아닌 사람 외에는 아무도 '항상 기도해야 하기' 때문에 개인 기도 시간을 정해 놓을 필요가 없다고 주장하지 않을 것이다. 상식의 눈으로 세상을 바라보는 사람이라면 누구나 종교가 사람들에게 온전한 영향력을 발휘하려면 일주일에 하루를 따로 구별해 종교적인 의무에만 몰두해야 한다는 데 동의하지 않을 수 없을 것이다.

독자들이여, 지금까지 한 말을 잘 생각해 주기를 바란다. 확실한 근거를 제시해 논박할 수 있는 말은 단 한마디도 하지 않았다고 생각한다. 모든 교회가 무너지고 모든 성직자가 이 나라에서 추방되더라도 안식일의 제도를 훼손하지 않고 보존한다면 국가적으로 크게 유익할 테지만 그것을 없앤다면 파멸을 자초하는 어리석음을 저지르게 될 것이다.

우리가 의식하든지 의식하지 않든지 안식일은 우리의 가장 보배로운 자산 가운데 하나다. 안식일은 우리의 육체와 정신과 영혼을 유익하게 한다. 안식일은 국가를 지키는 가장 값싼 방어책이다.

안식일을 지키는 방법

내가 말하려는 두 번째 요점은 안식일을 지키는 방법이다.

이것은 견해차가 매우 큰 주제다. 안식일의 옹호자들도 이 주제에 대해서는 서로 의견이 엇갈린다. 나만큼 강력하게 안식일을 옹호하는 사람들이 많지만 그들이 옹호하는 것은 내가 주장하는 안식일이 아니다. 나의 바람은 단지 성경의 계시에 근거해 하나님의 의도라고 생각되는 것을 진술하는 것이다.

먼저 분명하게 밝히고 싶은 것은 유대교의 안식일을 원하지 않는다고 말하는 사람들에게 전적으로 동의할 생각이 없다는 것이다. 그런 사람들이 자신들이 무슨 말을 하는 것인지 옳게 알고 있는지 궁금하다. 그들이 바리새적인 안식일을 거부한다면 나는 기꺼이 동의할 의사가 있다. 그러나 그들이 모세의 안식일을 거부한다면 그들의 생각을 주의 깊게 점검해 보라고 권고하고 싶다. 모세가 구약성경의 안식일을 기독교의 안식일보다 더 엄격하게 지켜야 할 것으로 생각했다는 증거는 어디에도 없다.

그렇다면 안식일을 어떻게 지키는 것이 하나님의 뜻일까? 네 번째 계명과 관련해 지침이 될 수 있는 일반 원리가 두 가지 있다. 우리는 이 일반 원리에 근거해 모든 문제를 결정해야 한다.

안식일 준수의 첫 번째 원리는 안식의 날로 지키는 것이다. 가능한 한 정신이나 육체와 관련된 모든 활동을 중단해야 한다. "너나 네 아들이나 네 딸이나 네 남종이나 네 여종이나 네 가축이나 네 문안에 머무는 객이라도 아무 일도 하지 말라"(출 20:10). 불가피한 일이나 사랑을 베푸는 일은 할 수 있다. 예수 그리스도께서도 그렇게 가르치셨다. 그분은 구약 시대에도 그런 일이 모두 허용되었다고 말씀하셨다. "다윗이 … 한 일을 읽지 못하였느냐 … 안식일에 제사장들이 성전 안에서 안식을 범하여도 죄가 없음을 너희가 율법에서 읽지 못하였느냐"(마 12:3-5). 간단히 말해 우리 자신이든 다른 피조물이든 인간의 영혼을 유익하게 하는 일이나 생명을 보존하고 유지하는 데 필요한 일은 안식일에 해도 죄가 되지 않는다.

두 번째 원리는 안식일을 거룩하게(구별되게) 지키는 것이다. 안식일은 "앉아서 먹고 마시며 일어나서 뛰놀"았던(출 32:6) 금송아지 숭배자들처럼 육신적이고 감각적인 휴식을 취하는 날이 아니다. 그날은 거룩한 안식의 날이다. 최대한 영혼의 일에 관심을 기울이고, 내세를 생각하며, 하나님과 교통하고, 그리스도와 교제를 나누어야 한다. 간단히 말해, 일곱째 날이 "네 하나님 여호와의 안식일"이라는 사실을 기억해야 한다(출 20:10).

이 두 가지 원리를 유념하기 바란다. 이것이 안식일과 관련된 모든 문제를 안전하게 점검할 수 있는 기준이다. 이 두 가지 원리만 지키면 인간의 본성에서 비롯하는 합리적이고 합법적인 요구를 옳게 충족시킬 수 있다. 이 원리를 넘어서는 것은 모두 죄에 해당한다.

나는 바리새인이 아니다. 밀폐된 방에서 엿새 동안 열심히 일하는 사람에게 주일에 적법한 방식으로 육체의 휴식을 취하는 것을 반대하는 것처럼 보일 생각은 조금도 없다. 주일에 공적 예배에 참석하는 것을 대체하기 위한 것만 아니라면 이삭의 경우처럼(창 24:63) 조용한 산책을 즐기며 묵상하는 것은 아무런 해가 되지 않는다. 예수님과 제자들도 안식일에 밀밭 사이를 걸어갔다. 내가 말하고 싶은 것은 자유가 방종이 되지 않도록 주의하라는 것이다. 자기의 휴식을 위해 다른 사람들의 영혼에 해를 끼치지 않도록 조심해야 한다. 우리가 육체는 물론, 영혼을 소유하고 있다는 사실을 잊어서는 안 된다.

나는 광신자가 아니다. 심신이 지친 노동자가 안식일을 거룩하게 지키라는 나의 권고를 오해하는 일이 있어서는 안 된다. 나는 누구에게도 온종일 기도만 하라거나 성경만 읽으라거나 교회에만 머물러 있으라거나 쉬지 않고 묵상만 하라고 말할 생각이 조금도 없다. 내가 말하려는 요점은 주일의 안식이 거룩한 안식이어야 한다는 것이다. 하나님을 항상 생각하고, 하나님의 말씀을 공부하고, 하나님의 집에 참여하고, 영혼의 일에 특별한 관심을 기울여야 한다. 이런 식으로 그날을 거룩하게 지키는 것을 방해하는 것은 무엇이든 최대한 피하려고 노력해야 한다.

나는 우울한 종교를 신봉하는 사람이 아니다. 나는 주일이 슬프고 불행한 날이 되는 것을 원하지 않는다. 모든 그리스도인이 행복한 사람이 되는 것이 나의 바람이다. 나는 그들이 믿음 안에서 기쁨과 평강을 누리고(롬 15:13), "하나님의 영광을 바라고 즐거워하"기를 원한다(롬 5:2). 나는 모든 사람이 주일을 일주일 중에 가장 즐겁고 기쁜 날로 간주하기를 바란다. 내가 옹호하는 주일을 성가신 날로 생각하는 사람은 심령 상태가 그릇되었다는 것을 알아야 한다. 그런 사람이 거룩한 주일을 즐기지 못하는 원인은 주일이 아닌 그의 영혼 안에 있다.

아마도 내가 안식일 준수의 기준을 지나치게 높게 설정했다고 생각하는 사람이 많을 것이다. 무분별하고 세속적인 태도로 돈과 쾌락을 사랑하는 사람들은 내가 불가능한 것을 요구한다고 소리칠 것이 틀림없다. 그런 주장을 제기하기는 쉽다. 그러나 그리스도인이 물어야 할 질문은 "성경이 무엇을 가르치는가?"이다. 옳은 것에 대한 하나님의 기준을 인간의 기준에 맞추려고 해서는 안 된다. 오히려 인간의 기준을 하나님의 기준에 맞춰야 한다.

나는 모든 교회와 나라에 속한 가장 훌륭하고 경건한 그리스도인들이 거의 예외 없이 유지해 온 안식일 준수의 기준과 다른 기준을 제시하지 않는다. 이 문제와 관련해 그들의 의견과 일치를 이루는 것은 참으로 놀라운 일이 아닐 수 없다. 그들은 다른 신앙의 주제들에 관해서는 의견이 많이 엇갈리지만(심지어 안식일의 신성성을 뒷받침하는 근거와 관련해서도 의견이 서로 다르지만), "주일을 어떻게 지켜야 하는가?"라는 실천적인 문제에 관해서는 서로의 견해가 놀라우리만큼 일치한다.

내가 제시하는 안식일 준수의 기준은 내세의 일을 침착하게 합리적으로 생각하는 건전한 정신의 소유자라면 누구나 기꺼이 동의할 것이 분명하다. 우리가 언젠가 죽어 이 세상을 떠날 것이고, 또 다른 존재의 상태로 하나님 앞에 서게 될 것이다.

이것이 틀림없는 사실이라면 일주일에 하루를 하나님께 바치라고 요구하거나 안식일을 또 다른 세상에서의 삶을 준비하는 데 바쳐 우리가 과연 그 세상에서 살기에 적합한가를 시험해 보라고 당부하는 말이 조금도 지나치지 않을 것이다. 우리의 상식과 이성과 양심이 일제히 증언하는 대로 일주일에 하루를 하나님께 온전히 바치지 못한다면, 그것은 곧 언젠가 죽음의 운명을 맞이하게 될 사람처럼 살지 못한다는 증거가 아닐 수 없다.

안식일을 더럽히는 행위들

마지막으로 안식일을 더럽히는 행위를 몇 가지 살펴보자. 안식일을 더럽히는 행위는 크게 두 종류로 나뉜다. 하나는 개인적인 영역에서 빚어지는 것으로 수많은 사람이 이 잘못을 저지르고 있다. 이 행동을 막으려면 개인의 양심을 일깨워야 한다. 다른 하나는 공적인 영역에서 빚어지는 것으로 이런 행위는 여론의 압력과 강력한 법의 힘으로 저지할 수 있다.

개인적인 영역에서 안식일을 범하는 잘못이란 주일을 세상적인 방식으로 무분별하게 보내는 것을 의미한다. 주일에도 계산서와 장부를 정리하고, 불필요한 여행을 떠나고, 사업적인 거래를 처리하고, 여전히 세상적인 일을 하면서 보내는 사람들이 허다하다.

  그런 행위는 명백한 잘못이다. 주일이 '주님의 날'이라는 사실을 조금도 염두에 두지 않고 지내는 사람들이 한둘이 아니다. 그들이 그런 행위를 하는 이유는 무분별하고 무지해서다. 그들은 다른 사람들이 하는 대로 따라한다. 그들은 자기 아버지와 할아버지가 전에 했던 행위를 그대로 본받는다. 그러나 그렇게 해서는 상황이 바뀌지 않는다. 내가 지금까지 말한 방식대로 주일을 보내는 것이 곧 "그날을 거룩하게 지키는" 것이다. 그렇게 하지 않는 것은 몸과 마음으로 네 번째 계명을 어기는 것이다. 주일에는 불가피한 일이나 사랑을 베푸는 일 외에 다른 일을 해서는 안 된다. 안식일을 어기는 행위는 아무리 사소하고 하찮은 것이더라도 하나님과의 교통을 방해하고, 그날이 가져다주는 축복을 가로막는 결과를 낳는다.

  공적인 영역에서 안식일을 더럽힌다는 것은 주일에 대도시에서 흔히 볼 수 있는 행위들과 관련된다. 가게 문을 열고 물건을 사고팔거나 공중 오락시설을 운영하는 행위들이 여기에 해당한다. "안식일을 기억하여 거룩하게 지켜야 하는"데도 오늘날 수많은 사람이 주일의 신성한 권위를 전혀 고려하지 않고, 갖가지 행위로 그날을 더럽힌다.

지금까지 내가 지적한 것들은 분명한 사실들이다. 그런 식으로 안식일을 더럽히는 것은 모두 명백한 잘못이다. 성경이 하나님의 말씀이고, 네 번째 안식일 계명이 엄연한 계명인 한, 그렇게밖에 달리 결론지을 수 없다. 그런 행위들은 모두 잘못되었다. 주일을 그런 식으로 보내는 것은 불가피한 일이나 사랑을 베푸는 일과는 아무 상관이 없다. 그런 행위들은 예수님이 안식일에 해도 된다고 가르치신 합법적인 일과는 거리가 멀다. 그 차이는 빛과 어둠의 차이만큼 크다. 그런 행위들은 거룩하지도 않고, 위의 것을 생각하도록 돕지도 않는다. 그간의 경험을 돌아보면 인간에게 하늘의 것을 바라보도록 가르치려면 자연이나 예술의 아름다움 이상의 것이 필요하다는 것을 분명하게 알 수 있다.

주일을 그런 식으로 보내면 그 어떤 영적, 도덕적 유익도 얻을 수 없다. 그런 일들이 이탈리아와 독일과 프랑스에서 수백 년 동안 이어져 왔다. 주일에 오락과 스포츠를 즐기는 일이 유럽 대륙의 도시에서 오랫동안 관행처럼 이루어져 왔다. 그들을 본받는 것이 무슨 유익이 있을까? 런던의 주일을 파리나 다른 대륙 도시들의 주일처럼 만들어서 과연 어떤 이로움이 있을까? 이로움은커녕 상황이 더욱 악화될 것이 뻔하다.

주일을 그런 식으로 보내는 것은 수많은 사람의 영혼을 피폐하게 만드는 해악을 끼친다. 주일에 오락시설의 문을 열면 즐겨 찾아오는 손님들을 응대하는 일을 하는 인력이 많이 필요하다. 그런 일을 담당해야 하는 사람들도 영혼을 소유한 인간이 아니겠는가? 그들에게도 다른 사람과 마찬가지로 안식의 날이 필요하지 않겠는가? 이것은 더 말할 필요조차 없는 사실이다.

그러나 안식일을 공적으로 더럽히는 행위들이 허용되는 한, 그들은 안식의 날을 가질 수 없다. 그들은 쉬지 않고 계속해서 일할 수밖에 없다. 간단히 말해, 다른 사람들에게는 오락인 것이 그들에게는 죽음이 된다. 쾌락을 추구하는 유럽 대륙의 안식일은 그 누구에게도 유익을 주지 못한다. 그곳의 안식일을 안식일이라고 부르는 것조차 큰 잘못이다. 그런 안식일은 아무에게도 유익하지 않고, 오히려 적지 않은 사람을 희생시킨다.

나는 매우 서글픈 마음으로 이 글을 쓰고 있다. 나의 동포들 중에도 안식일을 더럽히는 사람들이 많다. 나는 대도시에서 안식일을 많이 보냈다. 수많은 사람이 주님의 날을 속되고 불경스러운 날로, 육신적인 쾌락을 추구하고 죄를 저지르는 날로 전락시키는 것을 내 눈으로 직접 목격했다. 이런 불행한 현실에 대해 침묵할 수는 없다. 진실을 말해야 한다.

지금까지 내가 묘사한 대로, 안식일을 공적으로 더럽히는 사람들의 행위에 근거해 한 가지 일반적인 결론을 끄집어내면 다음과 같다.

그들의 행위는 그들이 '하나님 없이' 살고 있다는 것을 분명하게 보여준다. 그들은 "안식일이 언제 지나서", "이 일이 얼마나 번거로운고"라고 말했던 옛 이스라엘 백성과 조금도 다르지 않다(암 8:5; 말 1:13).

이것은 참으로 두려운 결론이 아닐 수 없지만 부인할 수 없는 사실이다. 성경과 역사와 경험이 가르치는 대로, 주님의 말씀을 즐거워하고, 주님을 예배하고, 주님의 백성을 사랑하고, 주님의 날을 기뻐하는 것은 항상 서로 밀접하게 관련된다. 주일에 쾌락을 추구하는 사람들은 자기 자신을 향해 매주 "나는 하나님을 좋아하지 않아. 나는 하나님이 나를 다스리시는 것을 원하지 않아."라고 외치는 셈이다.

학식이 있는 훌륭한 사람들 가운데 많은 사람이 주일에 오락이나 스포츠를 즐기거나 즐거움을 추구해도 아무런 해가 없다고 생각한다. "누가 무엇을 하느냐?"라는 문제는 종교적으로 그다지 중요하지 않다. 그러나 "그것이 옳은 행위인가?"라는 문제는 꼭 확인해야 할 필요가 있다.

우리는 성경에 근거해야 하고, 그 가르침을 굳게 붙잡아야 한다. 다른 사람들이 어떻게 생각하든 상관없이 일주일에 하루를 온전히 구별해 하나님 앞에서 거룩하게 지켜야 한다는 것이 우리의 결론이다.

마지막 당부

마지막으로 이 책을 읽을지 모르는 사람들을 몇 부류로 나눠 당부하고 싶은 말이 있다. 친구로서 당부하는 것이니 공정한 태도로 인내심을 가지고 내 말에 귀를 기울여주기 바란다.

1) 먼저 안식일을 어기는 습관을 지닌 사람들에게 당부하고 싶다. 개인적인 영역에서든 공적인 영역에서든, 또는 혼자서든 여럿이든 안식일을 어기며 살고 있다면 내가 꼭 해주고 싶은 말이 있다.

현재의 행위에 대해 심판의 날에 어떻게 대답할 것인지를 진지하게 생각해 보기를 바란다. 양심을 향해 진지하게 호소한다. 장차 하나님 앞에서 스스로가 얼마나 부족하게 보일 것인지를 조용히 생각해 보라. 항상 살아 있을 수는 없다. 언젠가는 죽어야 한다. 내세의 심판을 피할 길은 없다. 크고 흰 보좌 앞에 서서 모든 행위를 평가받아야 한다. 그것은 현실이고, 사실이다. 다시 한 번 진지하게 권고한다. 인간이 만든 허구를 믿고, 거기에 속아 회의주의자가 될 생각이 없다면 이 모든 말이 사실이라는 것을 분명히 알 것이다.

하나님을 만나 그분 앞에서 모든 것을 청산할 준비가 되어 있는가? 하나님의 친구가 되어 성도와 천사들과 더불어 영원한 삶을 누리고 싶지 않은가? 내가 이렇게 묻는 이유는 그렇지 않을 것이 뻔하기 때문이다. 장차 심판대 앞에 서게 될 텐데 일주일에 단 하루도 하나님께 바치지 않고, 일주일에 단 하루도 그분을 알려고 시도조차 하지 않으니 어떻게 그런 준비를 갖출 수 있겠는가?

안식일을 어기는 자들이여, 자신의 행위를 돌아보고, 지혜를 얻어라. 안식일이 세상에 무슨 해를 끼쳤기에 그날을 그토록 미워하는 것인가? 하나님이 대체 어떤 피해를 주셨기에 그분의 규례를 그렇게 고집스럽게 거부하는 것인가? 기독교 신앙이 인류에 어떤 해악을 끼쳤기에 믿음을 갖는 것을 그렇게 두려워하는 것인가? 위에 있는 하늘을 바라보고, 위대하신 하나님을 생각하라. 그분은 영원하신 하나님이다.

하나님의 집에 가서 복음을 들어라. 은혜의 보좌 앞에서 지난

날의 죄를 고백하고 '모든 죄를 깨끗하게 씻어주는' 보혈을 통해 죄사함을 받아라.

주일에 시간을 내 맑은 정신으로 조용히 영원한 것을 묵상하라. 오직 이 세상의 것만을 말하도록 종용하는 친구들을 멀리하고, 오랫동안 등한시해 온 성경책을 다시 집어 들고 말씀을 배우라. 조금도 지체하지 말고 서둘러라. 처음에는 어렵겠지만 힘써 해볼 가치가 충분한 일이다. 실행하라. 그러면 현세와 내세의 삶이 형통할 것이다.

2) 이번에는 산업 활동에 종사하는 사람들이나 그들의 상황에 동조하는 사람들에게 당부하고 싶다. 공적 차원에서 주일의 신성성이 침해되는 것을 바라는 사람들에게 현혹되거나 속아 넘어가서는 안 된다. 그들은 자기들이 '노동 계층의 친구들'이라고 말하지만, 사실은 가장 해로운 원수들이다. 그들은 노동자들의 짐을 더욱 무겁게 만들 뿐이다. 그들의 본래 의도는 그렇지 않을지 모르지만 실제로는 매우 심각한 해악을 주변에 끼치고 있다.

주일이 오락을 즐기며 노는 날은 물론, 노동과 일을 하는 날로 쉽게 전락할 수 있다. 그런 상황을 피하기는 매우 어렵다. 이는 다른 나라들은 물론, 우리나라에서도 마찬가지다.

그러나 나는 영국의 노동자들이 안식일의 문제와 관련해 쉽게 속지 않을 것이라고 믿어 의심하지 않는다. 그들은 세상의 그 어떤 나라의 백성보다 안식일 문제에 관심이 많다. 만약 이 문제가 잘못되면 그들은 누구보다도 잃는 것이 많고, 누구보다도 얻는 것이 적을 것이다.

3) 이번에는 안식일을 존중한다고 말하면서 그날의 준수 방식을 변화시킬 의도가 없는 사람들에게 당부하고 싶다. 지금까지 해오던 것보다 안식일을 더 철저하게 지키려고 노력해야 한다. 안타깝게도 이 문제와 관련해 많은 곳에서 부주의함이 발견된다. 네 번째 계명을 어길 생각이 전혀 없다고 하면서 실제로는 안식일을 지키는 방식에 대해 부주의하고 무분별한 사람들이 많다. 세상은 교회에 다니는 신분이 높은 사람들을 눈여겨 지켜본다. 그들 가운데 많은 사람이 자기만 안식일을 지키고, 다른 사람들에게는 그날을 거룩하게 지킬 기회를 제공하지 않는다. 또 국내에 있을 때는 외적인 교양을 훨씬 잘 갖춰 주일을 지키는 사람들이 해외에 나가서는 안식일을 대놓고 어길 때가 많다. 유럽 대륙으로 여행을 떠난 영국인들 가운데 주일에 국내에서는 절대 하지 않을 일을 서슴없이 저지르는 경우가 적지 않다.

이것은 큰 악이다. 주일을 진정으로 사랑한다면 그것을 지키는 방식을 통해 우리의 사랑을 입증해 보여야 한다. 국내든 해외든, 개신교를 믿는 나라든 가톨릭을 믿는 나라든 어느 곳에 있든지 주일에 적합한 행동을 해야 한다. 주님의 눈이 모든 곳을 지켜보고 계시고, 네 번째 계명이 우리나라는 물론, 이탈리아, 스위스, 독일, 프랑스 어디에서나 우리에게 구속력을 지닌다는 사실을 잊어서는 안 된다. 아울러 네 번째 계명은 우리 자신은 물론, '종업원들'도 일을 하지 말라고 명령한다.

안식일을 어기는 것은 믿음의 쇠퇴를 보여주는 많은 증거 가운데 하나다. 아무쪼록 너무 늦기 전에 모두가 지혜를 터득해 스스로의 행위를 고칠 수 있기를 기도한다. 그리스도를 위해 더 많은 일을 하고, 교회의 모든 영역에서 사도들의 옛길로 되돌아가는 것이 우리의 바람이다. 교구에 속한 가정들을 일일이 찾아가서 그리스도의 십자가를 전하는 것을 가장 중요한 목표로 생각하는 사역자들이 일어나기를 바라는 마음 간절하다.

The Holy Sabbath

사명선언문

너희가 흠이 없고 순전하여······세상에서 그들 가운데 빛들로
나타내며 생명의 말씀을 밝혀 _ 빌 2:15-16

1. 생명을 담겠습니다
만드는 책에 주님 주신 생명을 담겠습니다.
그 책으로 복음을 선포하겠습니다.

2. 말씀을 밝히겠습니다
생명의 근본은 말씀입니다.
말씀을 밝혀 성도와 교회의 성장을 돕겠습니다.

3. 빛이 되겠습니다
시대와 영혼의 어두움을 밝혀 주님 앞으로 이끄는
빛이 되는 책을 만들겠습니다.

4. 순전히 행하겠습니다
책을 만들고 전하는 일과 경영하는 일에 부끄러움이 없는
정직함으로 행하겠습니다.

5. 끝까지 전파하겠습니다
모든 사람에게, 땅 끝까지, 주님 오시는 그날까지
복음을 전하는 사명을 다하겠습니다.

서점 안내

광화문점	서울시 종로구 새문안로 69 구세군회관 1층 02)737-2288 / 02)737-4623(F)
강남점	서울시 서초구 신반포로 177 반포쇼핑타운 3동 2층 02)595-1211 / 02)595-3549(F)
구로점	서울시 동작구 시흥대로 602, 3층 302호 02)858-8744 / 02)838-0653(F)
노원점	서울시 노원구 동일로 1366 삼봉빌딩 지하 1층 02)938-7979 / 02)3391-6169(F)
분당점	경기도 성남시 분당구 황새울로 315 대현빌딩 3층 031)707-5566 / 031)707-4999(F)
일산점	경기도 고양시 일산서구 중앙로 1391 레이크타운 지하 1층 031)916-8787 / 031)916-8788(F)
의정부점	경기도 의정부시 청사로47번길 12 성산타워 3층 031)845-0600 / 031)852-6930(F)
인터넷서점	www.lifebook.co.kr